Guide-Poche

ALAIN MORLEY

L'Alsace à vélo

circuits & découvertes

DNA

Un Guide-Poche ne saurait se faire tout seul. Nous tenons à exprimer notre gratitude à toutes celles et tous ceux qui nous ont aidés :

la Ligue d'Alsace de cyclotourisme,

les clubs de cyclisme,

les municipalités,

les offices de tourisme et syndicats d'initiative,

les associations départementales du tourisme,

les directions départementales de l'Equipement

la SNCF

Collection créée par Bernard Reumaux et dirigée par Pascal Schweitzer

Illustration de couverture : Alexandre Wimmer

Mise en page : Edito.com, Strasbourg

Imprimeur : Imprimerie Saint-Paul, Bar-le-Duc

L'Editeur a apporté tout le soin possible à la réalisation des cartes et rubriques pratiques de ce livre. Si des informations contenues dans ce guide devenaient caduques en raison d'intempéries, de travaux ou de tout autre événement de même nature, l'Editeur ne saurait être tenu pour responsable des erreurs ou omissions liées à ces événements. Cependant, pour rester le plus à jour possible, les Guides-Poche sont ouverts à toutes les remarques de la part de leurs utilisateurs attentifs. Editions La Nuée Bleue, 3 rue Saint-Pierre-le-Jeune, 67000 Strasbourg.

ISBN 978-2-7165-0121-1

L'Alsace en deux roues

Petite par sa superficie, mais très peuplée, l'Alsace compte un millier de villes et de villages souvent séparés par de très courtes distances. La densité exceptionnelle des petites routes et des voies cyclables, les paysages étagés du Rhin aux Vosges et une multitude de sites naturels et historiques font de la région un paradis pour les cyclotouristes de tous âges.

Les grands circuits proposés par la Ligue régionale de cyclotourisme, les itinéraires départementaux et régionaux, les suggestions des organismes touristiques, les accès train-vélo et le réseau serré des grandes villes encouragent la pratique régulière de la bicyclette.

Les Vosges sont un terrain de prédilection pour la pratique sportive du VTT ; les zones les plus intéressantes sont mentionnées au début de ce guide. Aujourd'hui, on utilise les anciens chemins de halage des canaux ou les voies ferrées désaffectées, les pistes sont de plus en plus nombreuses, les chemins ouverts aux vélos tout-chemin également.

Seul ou en famille, la balade à vélo est à la fois un antistress, un sport, une détente mais aussi une leçon d'histoire et de géographie. Ce guide vous propose des circuits soigneusement sélectionnés au cœur d'une Alsace encore trop méconnue et souvent préservée. Quitte à rouler entre Vosges et Rhin, autant en prendre plein les yeux. Bonne route !

ALAIN MORLEY

Villages romantiques de l'Outre-Forêt

Entre la frontière du Palatinat allemand et l'immense forêt d'Haguenau, les villages coquets aux cours ouvertes sont l'exemple d'un esprit communautaire fort développé en milieu rural. Ce circuit facile se faufile à travers collines parmi les vieilles casemates, abris ou observatoires de la ligne Maginot et les belles fermes blanches au poutrage foncé et orné.

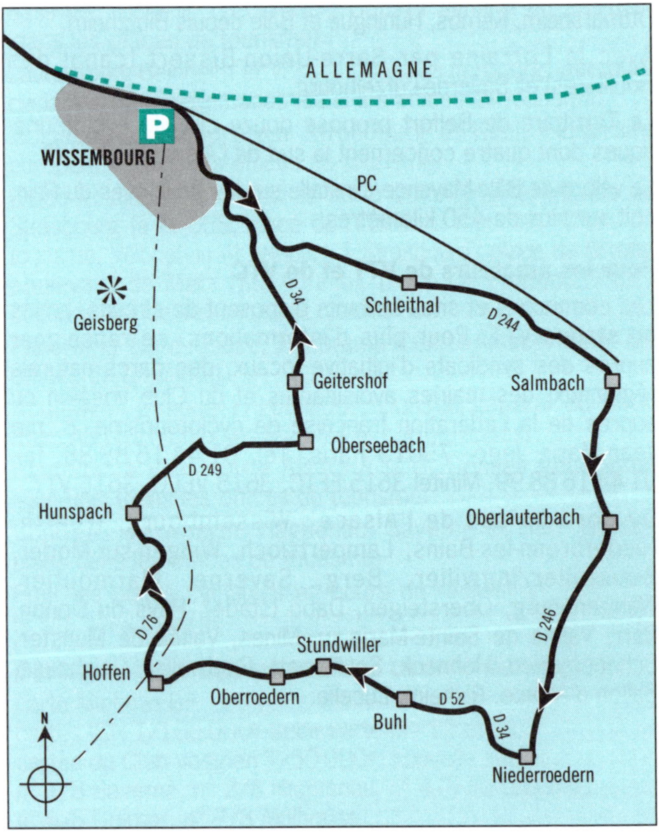

Accès Wissembourg est situé à 60 km au nord de Strasbourg (A 4 et D 263)

Parking Gare SNCF Wissembourg

Parcours 47 km, facile (vallonné)

A savoir Lembach est relié à Haguenau par une piste cyclable

Informations Office de tourisme de Wissembourg, Tél. 03 88 94 10 11

➤ **Wissembourg** *Eglise catholique (XIIIe/XIVe s.), vestige de cloître, peinture géante), église protestante St-Jean (XIIIe/XVe s., immense toit et buste de Luther), quartiers Anselmann et du Bruch, remparts, relais culturel, « Petite Venise », musée Westercamp, nombreuses maisons anciennes, maison du Sel, maison Vogelsberger, maison Holzapfel, mairie réalisée par Massol et hôpital Stanislas (XVIIIe s.), lignes fortifiées (circuit balisé)* ➤ Depuis la gare, prendre la piste cyclable qui longe la D 3 vers Scheibenhard, passer devant la maison forestière et l'hippodrome, puis la parallèle à la D 244 qui conduit à

km 8 Schleithal Village-rue de quatre kilomètres, *presbytère (XVIIIe s.), église gothique (XVe s.), maisons remarquables* ➤ Continuer par la piste cyclable ou la D 244 jusqu'à

km 12 Salmbach *Village fleuri, clocher (XIIe s.), ligne Maginot* ➤ Prendre la D 246 (deuxième à droite après l'église) en direction de

km 15 Oberlauterbach *Maisons typiques, église moderne* ➤ Toujours sur la D 246, passer devant la chapelle pour se rendre à

km 21 Niederroedern *Eglise mixte de 1765 (orgues, chaire, pierre tombale de 1617), belle mairie et maisons à pans de bois (XVIIIe s.)* ➤ Tourner à droite à l'église pour rejoindre par la D 34

km 25 Buhl *Rives du Seebach, quelques maisons typiques, ligne Maginot* ➤ La première route à droite en rentrant dans ce village (D 52) conduit à

km 27 Stundwiller *Eglise (nef gothique, clocher roman, custode flamboyant, XVe s.), moulin, maisons typiques* ➤ Toujours sur la D 52, passer devant le cimetière avant de rejoindre

km 28 Oberroedern *Vieux moulin, casemates, ligne Maginot (haut lieu de combats en 1940)* ➤ A la sortie du village (D 52), rejoindre Leiterswiller (belle église protestante du XVIIIe s.) puis

1 Villages romantiques de l'Outre-Forêt

km 31 Hoffen *Mairie à colonnes et pans de bois, vieux tilleul de la liberté, puits couvert à roue, maisons remarquables, église réformée (XVIIIe s.)* ➤ Après le cimetière emprunter la D 76 qui passe la voie ferrée et la D 263 pour se rendre à

km 34 Hunspach *Fermes coquettes et fleuries, puits à balancier, buffet d'orgues de l'église réformée (XVIIIe s.), cas emates et observatoire de la ligne Maginot* ➤ Après l'église prendre la D 249 vers la gare et

km 39 Seebach (Ober) *Rues parallèles et belles fermes, mairie de 1731, églises (style gothique : catholique, fin XVIIIe s. : protestante)* ➤ Rejoindre la D 34 direction Wissembourg par le hameau du Geitershof et la D 263

km 47 Wissembourg

De la Lauter à la forêt de Haguenau

L'Uffried, superbe contrée riedienne, est le terroir le plus oriental de France et sûrement l'un des moins connus. Agréable et accessible à tous, ce parcours mène par la belle réserve naturelle du delta de la Sauer à travers des villages à redécouvrir et une nature enchanteresse.

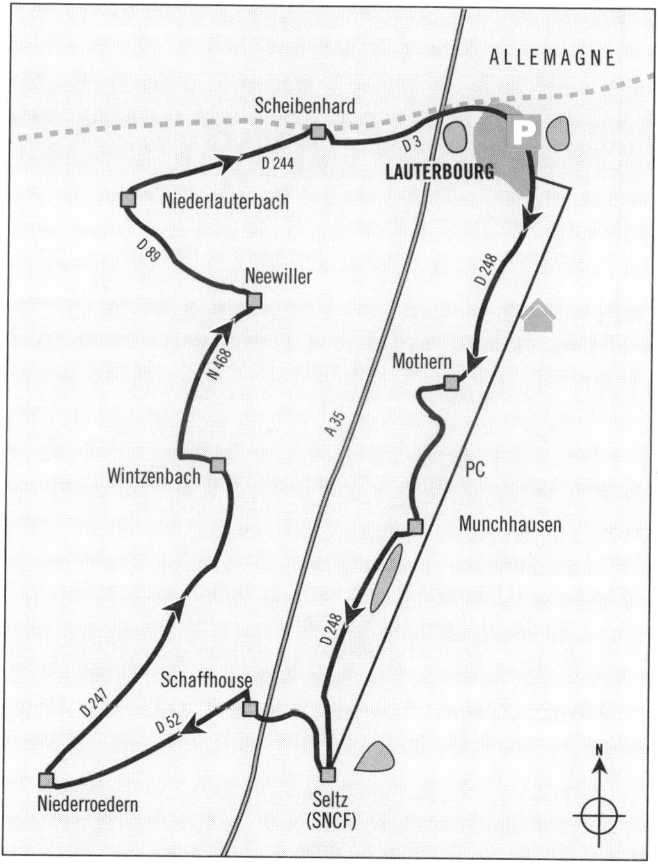

2 De la Lauter à la forêt de Haguenau

Accès Lauterbourg est situé à 58 km au nord de Strasbourg (A 35)

Parking Gare SNCF de Lauterbourg

Parcours 37 km, facile (quelques vallons)

A savoir Ferme-auberge à Neuhaeusel, 33 rue des Roses, Tél. 03 88 86 40 64. Il existe une piste cyclable sur la rive allemande du Rhin : accès possible par Seltz

Information Office de tourisme de Lauterbourg, Tél. 03 88 54 63 20 ; Office de tourisme de Seltz, Tél. 03 88 86 52 64

➤ **Lauterbourg** *Ancienne place forte (vestiges), ancien château épiscopal (XVIIIe s.), église de La Trinité (1683) avec poste de guet, église protestante (ancienne poudrière), lignes fortifiées (itinéraire dans la campagne)* ➤ Depuis la gare, par la D 248, la piste cyclable qui longe le Rhin, le circuit mène à

km 5 Mothern *Ancien village de pêcheurs et de mariniers, église (XVIIIe s.), maison du veilleur de nuit, musée, Rhin non canalisé* ➤ Après l'église une petite route ainsi que la piste cyclable conduisent à

km 6 Munchhausen *Ancien village de pêcheurs, vieilles maisons à pans de bois, église néo-classique (1841), delta de la Sauer, clapet des hautes eaux et maison de la Nature* ➤ Prendre la piste cyclable pour rejoindre

km 13 Seltz *Ancien poste fortifié romain (musée), ligne Maginot, plan d'eau, mairie néo-classique (1850), vieilles maisons et une église curieuse (moderne avec des vestiges de l'ancienne gothique ; pierres tombales)* ➤ Remonter vers le nord par la D 248, puis prendre la D 52 qui traverse la voie ferrée pour rejoindre

km 14 Schaffhouse-près-Seltz *Belles demeures typiques et église (XIXe s.)* ➤ La D 52 mène aux portes de la forêt d'Haguenau à

km 18 Niederroedern *Maison natale de Frédérique Brion (1740), vieux cimetière juif, mairie du XIXe s., tumulus (forêt d'Haguenau)* ➤ A l'entrée de ce village, la première à droite (D 247) se dirige vers

km 24 Wintzenbach *Eglise mixte (protestante et catholique), vieilles maisons à pans de bois* ➤ Passer devant l'église pour continuer par la D 468 vers

km 27 Neewiller-près-Lauterbourg *Chapelle de pèlerinage St-Antoine, maisons basses typiques, clocher de 1952 sur l'église mixte* ➤ Au centre du village prendre à droite la D 89 pour

km 30 Niederlauterbach *Eglise de 1760 avec clocher-chœur médiéval, maisons à pans de bois* ➤ Prendre au choix la piste cyclable ou la D 244 vers

km 33 Scheibenhard *Eglise de 1962, maisons à colombage (le Scheibenhardt allemand est de l'autre côté de la Lauter)* ➤ Par la D 3 (rive française) ou, plus pratique, par la piste cyclable (rive allemande et Neulauterbourg) rejoindre

km 37 Lauterbourg

Villages potiers et ligne Maginot

Ce circuit assez long mais sans difficulté mène par la belle forêt de Haguenau, appelée également « Forêt Sainte », vers les pittoresques villages de potiers. Les casemates de la ligne Maginot jalonnent le parcours et rappellent le passé de la région. Et pour les amateurs de colombages, l'église de Kuhlendorf sera la curiosité à ne pas manquer.

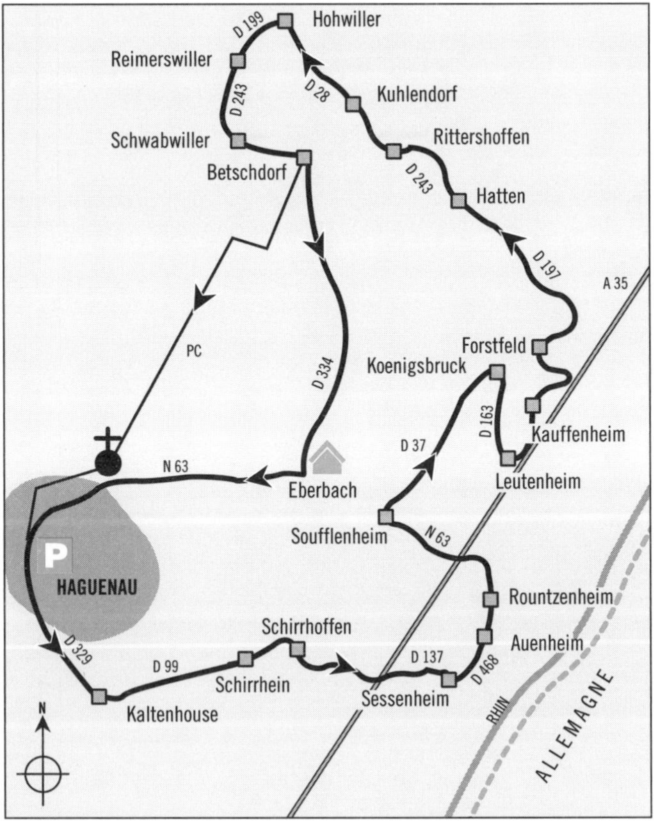

Accès Haguenau est situé à 30 km au nord de Strasbourg (A 4)

Parking Place de la gare d'Haguenau

Parcours 63 km, en partie ombragé, vallonné

A savoir La piste cyclable du canal d'Haguenau est aussi accessible aux rollers. Une piste de 56 km relie Haguenau à Baden-Baden par le bac de Drusenheim

Informations Office de tourisme de Haguenau, Tél. 03 88 93 70 00 (deux circuits historiques)

➤ **Haguenau** *Curieux cimetière militaire (St-Georges), musées, porte, tours et remparts, églises anciennes, hôtels Louis XV, ancien moulin* ➤ A la sortie d'Haguenau, suivre le boulevard Nessel puis, en haut à droite après le parc (monument aux morts), prendre la rue de la Redoute (casernes). Après le centre socioculturel, prendre à gauche du cimetière la D 329 qui conduit, en longeant l'aérodrome, par une piste cyclable jusqu'à

km 4 Kaltenhouse *Eglise à clocher-porche, calvaire et vieux puits* ➤ A la sortie du village couper la D 29 pour prendre la D 99 (camp d'Oberhoffen) et rejoindre

km 8 Schirrhein/Schirrhoffen *Maisons basses, église de 1749 à Schirrhein, château (XVIIIe s.) à Schirrhoffen, vieux cimetière juif* ➤ La D 137 à la sortie (côté droit) du village-rue conduit par la lisière de la forêt et le long de l'A 35, puis en la traversant, à

km 13 Sessenheim *Musées Goethe : mémorial et auberge (place de l'église), grange du presbytère et église protestante au clocher baroque, vieilles maisons typiques* ➤ La deuxième rue à droite après les églises (D 468) mène à

km 16 Auenheim *Vieilles demeures (dont celle d'Henri Loux), rives de la Moder* ➤ Par la gare (D 468 et D 137) on arrive de suite à

km 17 Rountzenheim *Eglise mixte baroque (XVIIIe s.), vieilles fermes et calvaire de 1781* ➤ Une petite portion de la N 63 (à droite) traverse l'A 35 pour rejoindre

km 21 Soufflenheim *Village potier, maisons typiques, mairie néo-classique (1823), ancien cimetière fortifié avec céramiques* ➤ Au carrefour de la grande église prendre la D 37 par la forêt vers

3 Villages potiers et ligne Maginot

km 26 Koenigsbruck Lieu-dit *(ancien couvent fondé en 1152), moulin et ouvrages Maginot* ➤ Tourner à droite, prendre la D 163 pour

km 28 Leutenheim *Maisons à colombage (XVIIIe s.), ancien camp (protohistoire), abri Maginot (visitable)* ➤ Tourner à gauche après l'église pour se rendre à

km 31 Kauffenheim *Eglise gothique (chœur en partie roman), moulin ancien* ➤ Traverser le village puis continuer à gauche la D 197 pour

km 33 Forstfeld *Vieilles maisons typiques, vieux moulins et église mixte* ➤ Par la D 297 vers Niederroedern puis 2 km plus loin à gauche par la D 197, passer devant la casemate (musée Esch) avant d'arriver à

km 38 Hatten *Village reconstruit après 1945, musée André Maginot (maquettes), monument 45* ➤ Traverser le village pour rejoindre la D 28 vers

km 40 Rittershoffen *Village reconstruit après 1945, musée à l'école, vitrail du concile dans l'église catholique (1963)* ➤ La D 28 conduit à

km 43 Kulhendorf *Eglise protestante (avec logement) à pans de bois (1820)* ➤ La même route conduit à

km 45 Hohwiller *Village fleuri, peintures murales dans l'église mixte (chœur et sacristie gothiques), anciens corps de garde et calvaire* ➤ Près de l'église prendre à droite la D 199 pour

km 47 Reimerswiller *Clocheton à pans de bois sur l'église, vieilles maisons* ➤ La même voie conduit à

km 48 Schwabwiller *Maisons avec fours à pain, vieilles enseignes, ancien pèlerinage* ➤ A gauche dans le village prendre la D 243 pour

km 50 Betschdorf *Village-rue de potiers (grès au sel), belles maisons, musée de la poterie, église du bas (fresques du XVe s.), vieux moulins* ➤ Par la cité Battacho, une piste cyclable par le Gros Chêne de Saint-Arbogast (qui donne son nom à la « Forêt Sainte ») et la piste cyclable du canal de décharge de la Moder rejoignent

km 63 Haguenau

Forêt Sainte et houblonnières

Ohlungen est la petite capitale du houblon alsacien mais le village n'a pas oublié une autre richesse disparue, le pétrole. Ce circuit, sans difficulté, mène par bois et collines dans une contrée encore ignorée des guides touristiques. A tort, comme les amateurs de nature et d'histoire pourront le constater...

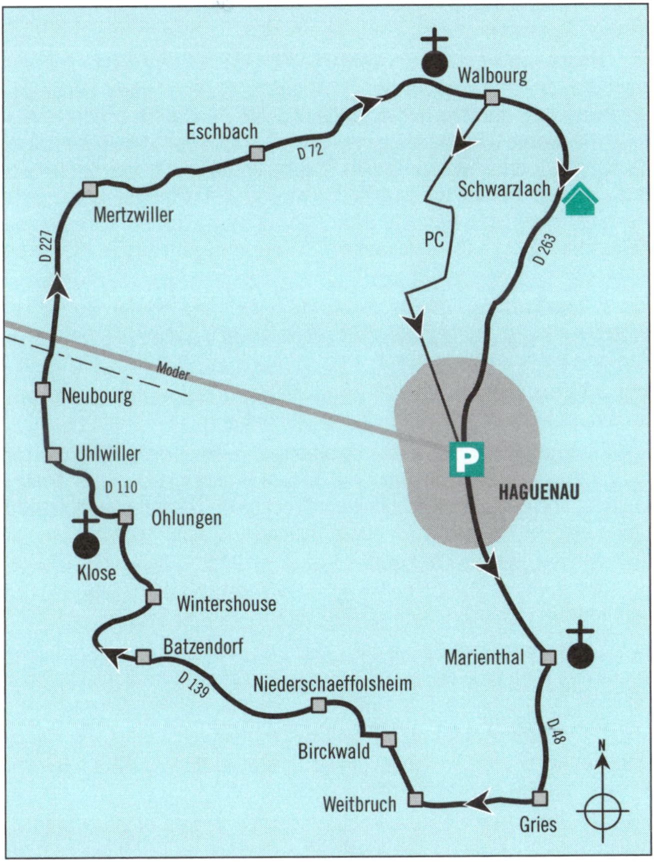

4 Forêt Sainte et houblonnières

Accès Haguenau est situé à 30 km au nord de Stasbourg (A 4)

Parking Place de la gare d'Haguenau

Parcours 46 km, facile (vallonné partie ouest)

A savoir Pistes cyclables en étoile depuis Haguenau. Une piste de 56 km relie Haguenau à Baden-Baden par le bac de Drusenheim

Informations Office de tourisme de Haguenau, Tél. 03 88 93 70 00

➤ **Haguenau** *Eglise St-Georges (XIIe/XVIe s.), Eglise St-Nicolas (XIIIe/XVe s.), musées, portes et remparts, tour-pont des Pêcheurs, ancien moulin, maisons Renaissance et Louis XV, curieux cimetière militaire (St-Georges)* ➤ Une piste cyclable fait le tour de la ville par le canal de décharge de la Moder. Depuis la gare prendre le boulevard Nessel puis, en haut à droite après le parc (monument aux morts), la rue de la Redoute (casernes). Après le centre socioculturel, prendre la route de Marienthal (D 48) à droite (cimetière St-Georges). Après l'aérodrome on arrive à

km 5 Marienthal *Célèbre église de pèlerinage marial (ex-voto et mobilier ancien), école maternelle pilote (espace nature exemplaire)* ➤ Par la forêt, la D 48 conduit à

km 8 Gries *Eglise de 1779 (orgues Silbermann), motte, maisons anciennes* ➤ Au carrefour de l'église une petite route à droite rejoint

km 11 Weitbruch *Maisons à colombage, histoire de la Réforme sur les vitraux de l'église luthérienne (1875)* ➤ Prendre la D 140 à droite ; en face, une petite route conduit en direction de Niederschaeffolsheim par le hameau de Birchwald, puis à gauche la D 139 mène à

km 15 Niederschaeffolsheim *Eglise de 1747 (chaire du semeur), grandes fermes (XIXe s.), belles portes* ➤ A gauche de l'église prendre la D 139 qui plus loin coupe sans danger l'autoroute jusqu'à

km 17 Batzendorf *Eglise de 1782 ; chemin de croix et maisons anciennes* ➤ En face de l'église, s'engager puis prendre à gauche pour rejoindre

km 18 Wintershouse en passant devant une belle chapelle. *Eglise (retables du couvent de Neubourg et clocher roman du XIIe s.), fermes à colombage* ➤ La même route conduit à

km 20 Ohlungen *Eglise baroque (crécelle géante et vieux autels), belles fermes, vieille pompe à pétrole* ➤ Prendre la D 110 (première à droite sur la D 419 vers Keffendorf). Nous passons près de la belle chapelle Klose puis arrivons à

km 22 Uhlwiller *Mairie néorenaissance, musée du Pain* ➤ Un écart de 2 km (D 827-D 227) permet de voir le clocher à colombage de Niederaltdorf. Depuis cet écart, la D 227 conduit par la forêt à

km 24 Neubourg *Beau calvaire, porte de l'ancien couvent, vieilles demeures* ➤ Tout droit (D 227), par la forêt, couper la voie ferrée pour arriver à

km 27 Mertzwiller *Moulin à eau, vestiges romains, mur de l'église de 1785, vieux cimetière juif* ➤ Après la Zinzel, rejoindre la N 62 que l'on traverse pour prendre la D 72 jusqu'à

km 32 Eschbach (par la forêt) *Vieilles maisons à pans de bois* ➤ La même route conduit, après avoir coupé la D 27, à

km 35 Walbourg *Eglise abbatiale (XIe/XVe s.), parc et château de l'ancien séminaire (arbres rares)* ➤ Après le petit pont sur l'Eberbach au sud de l'église, une piste cyclable rejoint Haguenau par la maison forestière Bruderhaus puis coupe la D 27. Il est aussi possible de rentrer par la D 263 située après la gare et la maison forestière à

km 46 Haguenau

Le pays de Hanau

Au nord de Saverne, le vieux terroir luthérien de Hanau-Lichtenberg est resté à l'écart du tourisme de masse. Avec ses remarquables maisons ornées et ses collines paisibles, il constitue le décor pittoresque de ce riche parcours sans grandes difficultés.

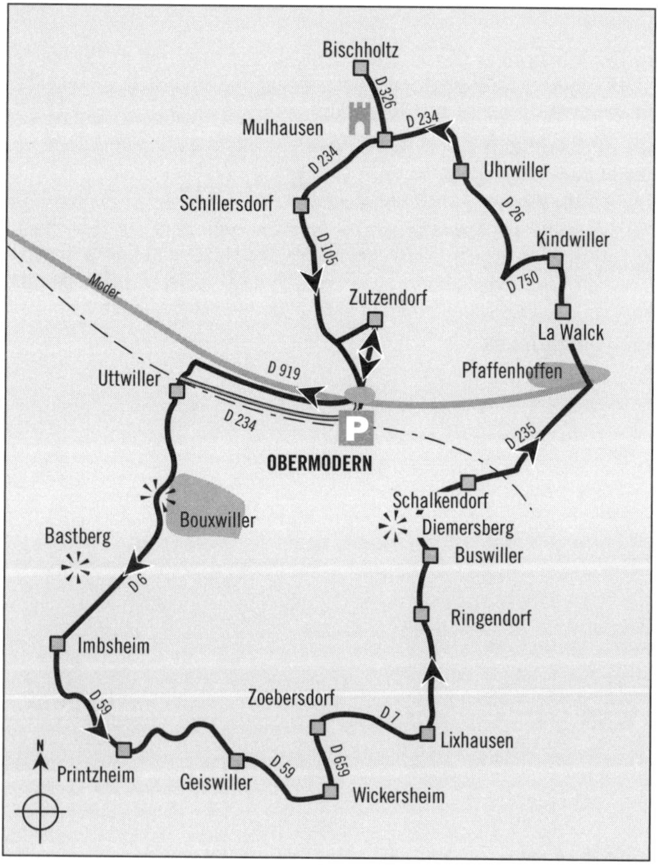

Accès Obermodern est situé à 20 km d'Haguenau (D 919) et à 20 km de Saverne (D 6-D 24)

Parking Gare SNCF d'Obermodern

Parcours 47 km, difficulté moyenne (nombreuses pentes)

A savoir Pfaffenhoffen est relié par une route forestière (piste cyclable) à Schweighouse-sur-Moder

Informations Office de tourisme d'Ingwiller, Tél. 03 88 89 23 45

➤ **Obermodern** *Maisons remarquables, église protestante (fresques, clocher), musée du Chemin de fer (modélisme), anciens moulins, puits à balancier* ➤ Descendre la rue de la gare, traverser la D 919, en face une petite route conduit à (détour)

km 1 Zutzendorf *Village aux fermes exceptionnelles (maisons Schini), salle du souvenir seigneurial, église protestante (tour, chœur gothique)* ➤ Repassant par Obermodern, prendre la D 919 vers Ingwiller. A 2 km par une petite route à gauche (sous le pont SNCF), rejoindre par la D 234

km 6 Uttwiller *Eglise protestante (1683), maisons de 1536 (nos 49 et 50), portes ornées* ➤ La deuxième route à gauche (belle montée avec panorama) conduit par la forêt (D 108) à

km 8 Bouxwiller *Cité historique : église protestante (XVIIe s.), orgues de l'église catholique, musées ATP et judéo-alsacien, circuit historique, maisons remarquables* ➤ Prendre la direction Saverne (au pied de l'église catholique) pour rejoindre la D 6 et

km 12 Imbsheim *Clocher pointu de l'église protestante (1778), ancien village fortifié (circulaire), vieilles maisons antérieures à la guerre de Trente Ans* ➤ A la sortie, prendre à gauche la D 59 pour

km 14 Printzheim *Portes ornées, église protestante (clocher, chœur romano-gothique)* ➤ De l'autre côté du village, emprunter la D 59 qui conduit à

km 16 Geisswiller *Eglise protestante (XVIe s.), vieilles fermes* ➤ Par la même route rejoindre le village-rue de

km 19 Zoebersdorf *Maisons typiques, église protestante* ➤ La D 639 puis la D 7 rejoignent

km 21 Lixhausen *Orgues (XVIIIe s.) dans l'église, maisons à pans de bois* ➤ La D 235 (première à gauche en direction d'Alteckendorf) se dirige vers

km 23 Ringendorf *Ancienne synagogue, maisons à colombage* ➤ A gauche de l'église, descendre la D 235 vers

km 25 Buswiller *Très bel ensemble de fermes, ancien corps de garde, église protestante (pierres tombales et orgues XVIIIe s.)* ➤ Toujours par la D 235 rejoindre

km 27 Schalkendorf *Village perché (panorama), église protestante (1774), refuge oiseaux blessés, vieilles fermes (XVIIIe s.)* ➤ Belle descente sur la D 235 vers

km 32 Pfaffenhoffen *Eglise catholique (mobilier), façades peintes, remparts, synagogue (1791), chapelle (XVIe s.) du cimetière protestant, musées de l'Imagerie et du Souvenir Albert Schweitzer (Circuit historique)* ➤ Par la Walck, en traversant la Moder, prendre la direction de

km 35 Kindwiller *Ancien moulin, ferme-auberge, vieilles maisons* ➤ A la sortie du village, prendre la D 750 puis la D 26 pour arriver à

km 37 Uhrwiller *Fermes et mairie à pans de bois* ➤ Tout droit par le cimetière, la D 234 mène à

km 39 Mulhausen *Château et chapelle De Gail, église luthérienne (monuments funéraires du XVIIe s.), maisons à colombage, souvenir israélite (CMDP)* ➤ Par la D 326, un petit écart mène à

km 40 Bischholtz *Village très fleuri, maisons avec portes dans partie latérale des bâtiments d'exploitation (rare)* ➤ Revenir à Mulhausen, tourner à droite à la mairie pour rejoindre par la D 234

km 43 Schillersdorf *Eglise protestante (1851), vieux presbytère avec kiosque à colombage (1740), mairie à pans de bois (1780), puits à balancier, vieilles voitures de pompiers, portes ornées des fermes et banc Napoléon III (1854)* ➤ Après la mairie prendre la première à droite (D 105) pour rejoindre

km 47 Obermodern

Le Parc naturel des Vosges du Nord

Classé biosphère mondiale par l'Unesco, le Parc naturel régional des Vosges du Nord offre une richesse naturelle exceptionnelle. Ce parcours assez sportif est particulièrement recommandé au printemps : lorsque le peuple des crapauds se met en marche pour sa migration entre La Petite-Pierre et Oberhof. Un spectacle surprenant pour une contrée à visiter sans modération.

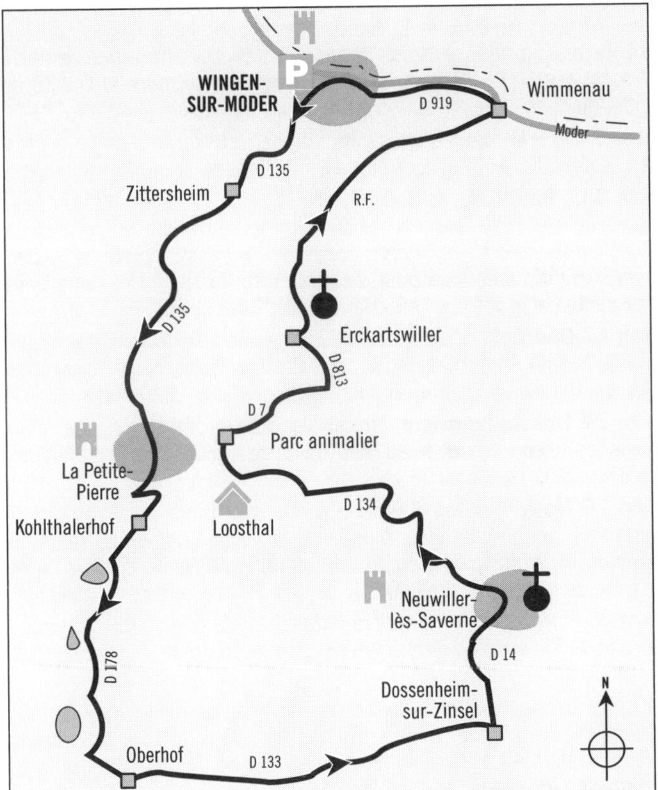

6 Le Parc naturel des Vosges du Nord

Accès Wingen-sur-Moder est situé à 36 km à l'ouest d'Haguenau (D 919) et à 10 km de La Petite-Pierre

Parking Gare SNCF de Wingen-sur-Moder

Parcours 48 km, assez difficile (pentes de montagne)

A savoir Gîte rural Panda, avec découverte de la nature à Wingen, Relais nature, 7 route de Zittersheim, Tél. 03 88 89 80 07

Informations Office de tourisme, Tél. 03 88 70 42 30

➤ **Wingen-sur-Moder** *Eglise catholique néobaroque, église protestante avec pans de bois, château (XIXe s.), ancienne verrerie (Hochberg)* ➤ Passer entre les deux églises, prendre la D 135 du pont du chemin de fer qui coupe le bourg en deux et joindre

km 3 Zittersheim *Village de montagne, artisanat et église protestante de 1893* ➤ Continuer par la D 135 pour

km 8 La Petite-Pierre *Bourg fortifié et perché, église mixte (art funéraire) de 1417, musées, exposition permanente du Parc naturel régional au château, vallon avec vaches écossaises* ➤ Passer devant les restaurants et l'hôtel de ville pour s'engager sur la D 178 par une belle descente par le vallon du lieu-dit Kohlthalerhof et ses étangs et arriver à

km 17 Oberhof D'ici, par la D 122 à gauche à l'extrémité de l'étang, un détour de 6 km aller-retour conduit à Graufthal (maisons troglodytiques, musée). A Oberhof prendre à gauche la D 133 qui conduit à

km 24 Dossenheim-sur-Zinsel *Quartier fortifié de l'église, deux musées, vieux moulin* ➤ Au pied de cette église (chœur gothique), prendre la D 14 à gauche vers

km 26 Neuwiller-lès-Saverne *Circuit historique : églises remarquables, ancien chapitre, musée de la Faune vosgienne, maisons Renaissance, remparts, château et cimetière (Premier Empire)* ➤ Au centre de la cité prendre la D 134 vers La Petite-Pierre par la forêt

km 35 *Parc animalier, sentiers botaniques du Loosthal* ➤ Tourner à droite (D 7) vers Ingwiller, 2 km plus loin la route de gauche (D 813) conduit à

km 39 Erckartswiller *Village de clairière, église mixte (XVe/XVIIe s.), clocher à colombage, vieilles maisons avec pans de bois, maison des Diaconesses* ➤ La route forestière part à la sortie du village, près de la maison forestière, et conduit à

km 45 Wimmenau *Clocher roman (église protestante), maison suisse, moulin à huile (musée)* ➤ Prendre à gauche la D 919 (bande cyclable) vers Wingen-sur-Moder. Option : balade à la Kohlhutte (beau site forestier) par la D 12 direction Bitche depuis l'église de Wimmenau (8 km aller-retour).

km 48 Winger-sur-Moder

L'Alsace bossue d'outre-Vosges

Située aux confins de l'Alsace, géographiquement accrochée au plateau lorrain, l'Alsace bossue est réputée, comme son nom l'indique, pour ses collines et ses arbres fruitiers. Sur les rives de la Sarre, c'est à travers des paysages paisibles et vallonnés que mène ce parcours facile. Et les amateurs d'architecture se réjouiront des superbes linteaux qui ornent les portes des belles demeures de la région.

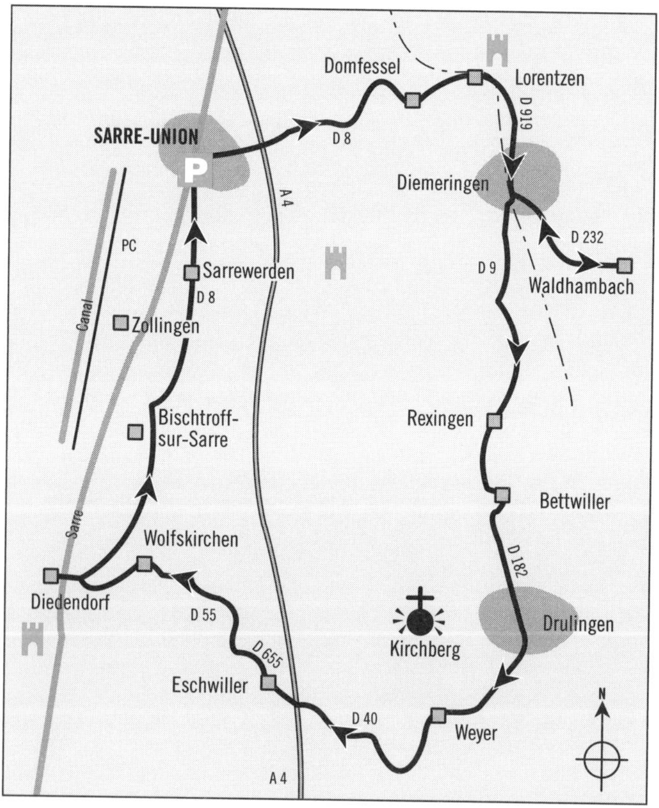

Accès Sarre-Union est situé entre Sarrebourg et Sarreguemines à 90 km de Strasbourg (A 4-N 4/N 61)

Parking Gare SNCF de Sarre-Union (au bout de la rue de la gare, place de la République)

Parcours 47 km, facile (vallonné)

A savoir Le canal des houillères possède sa piste cyclable. Restaurant du Chemin de fer à Diemeringen, Tél. 03 88 00 42 21

Informations Mairie de Sarre-Union, Tél. 03 88 01 14 74

➤ **Sarre-Union** *Octroi, église luthérienne, ancien temple réformé (musée), linteaux de portes, musée de l'Education ; de l'autre côté de la Sarre : vieille ville, remparts, vieille synagogue, musée régional, chapelle des Jésuites (XVIIIe s.), maisons Renaissance, buffet d'orgues de l'église St-Georges, Hôtel de ville (XVIIe s.)* ➤ Depuis la place de la République, tourner à gauche (rue Foch), puis première à droite (rue des Jardins), puis à droite et de suite à gauche la D 8 (rue de Bitche) qui va couper l'A 4 avant d'arriver à

km 6 **Domfessel** *Village-rue, église protestante gothique avec clocher et cimetière fortifié (XIVe s.), vieilles maisons* ➤ Toujours sur la D 8, traverser la voie ferrée pour rejoindre

km 8 **Lorentzen** *Village-rue, maisons anciennes (l'arrière des maisons forme rempart), église protestante (1623), ancienne église Stengel (XVIIIe s.), château avec son moulin (XVIe/XVIIIe s.), ancienne forge* ➤ La D 8 rejoint

km 9 **Diemeringen** *Fresques de l'église baroque protestante (1757), communs de l'ancien château (1718), linteaux de portes (rue des potiers, Grand'rue, quai de l'Eichel)* ➤ Traverser la rivière pour rejoindre la D 919 qui conduit à Ingwiller, 2 km plus loin prendre, à droite, la D 232 pour arriver à

km 12 **Waldhambach** *Ancien poste romain (vestiges de thermes), clocher octogonal (ancien guet), linteaux de portes* ➤ Revenir sur Diemeringen (D 919) ; à l'église prendre la D 9 qui contourne Mackwiller et conduit à

km 18 **Rexingen** *Moulin, curieux clocher en encorbellement sur l'église protestante (rabat-voix de la chaire original)* ➤ A la sortie du village la D 20 mène à

km 20 Bettwiller *Eglise protestante de 1717 (vitraux avec Luther et Butzer)* ➤ La même route conduit à

km 23 Drulingen *Eglise protestante de 1780 (pierres tombales), ancien presbytère (1618) et ancien relais de diligences et de poste* ➤ Tourner à la chapelle catholique (clocher séparé) pour prendre la D 40 qui se dirige vers

km 25 Weyer *Maisons à « Schopf » en bois, église protestante par Dodel (1769), église catholique (clocher circulaire roman)* ➤ Toujours par la D 40 puis la D 340 (avant l'autoroute), rejoindre

km 31 Eschwiller *Beau presbytère baroque (XVIe s.), clocher à bulbe et vitraux de l'église catholique (1769/1820)* ➤ A la sortie du village prendre la D 655 puis la D 55 pour

km 36 Wolfskirchen *Eglise protestante par Stengel, pont du XVIIIe s., moulin* ➤ Traverser la Sarre pour le village-rue de

km 38 Diedendorf *Eglise protestante (XVIe/XIXe s.), château Renaissance avec fresques murales (1577)* ➤ Retraverser la Sarre, prendre la D 8 vers Sarre-Union à gauche. Il est possible, par la D 96 et la D 696, de prendre l'autre rive à partir de Bischtroff (*pont à 14 arches (XVIIIe s.), vieux lavoirs, chœur gothique de l'église protestante*), Zollingen (*ancienne église protestante fortifiée, maisons des XVIe/XVIIIe s.*) et la cité fortifiée de Sarrewerden (*collégiale XVe s., maisons Renaissance*).

La marche de Marmoutier

Non loin de Saverne, l'arrière-pays de Marmoutier est parsemé de villages paisibles en grès des Vosges. Accessible à tous, ce parcours alterne châteaux méconnus et clochers romans fortifiés. La visite de la somptueuse abbatiale de Marmoutier est sans conteste le point culminant de cette balade vallonnée aux confins des Vosges du Nord.

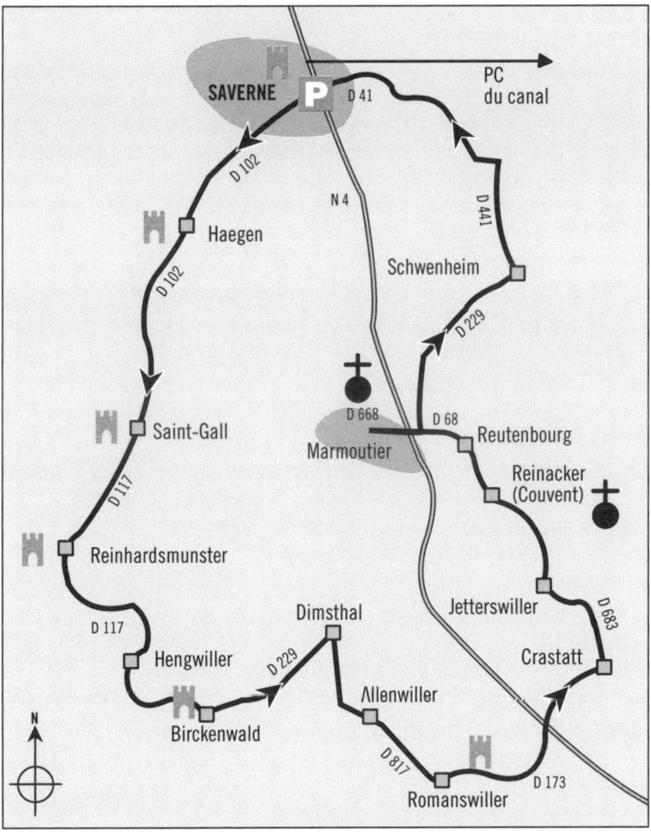

8 La marche de Marmoutier

Accès Saverne est situé à 36 km de Strasbourg (A 4)

Parking Gare SNCF de Saverne

Parcours 36 km, facile (vallonné)

A savoir Romanswiller est relié à Wasselonne par un parcours cyclable ; à Knoersheim, Ferme-auberge S'Landstuebel, Tél. 03 88 69 91 77

Informations Office de tourisme de Saverne, Tél. 03 88 91 80 47 (Maison de pays avec expositions)

➤ **Saverne** *Château Rohan, château, église Notre-Dame, cloître des Récollets, musées (château, pompiers, vache), maisons Renaissance, murailles en partie gallo-romaines, roseraie, piste cyclable vers Lutzelbourg (belles maisons éclusières)* ➤ Depuis la place de la gare prendre la rue de la gare, la Grand'rue ; en face de l'église Notre-Dame, prendre la rue des Eglises puis la place des Dragons (temple), la rue Leclerc (à droite puis la première à gauche) qui rejoint

km 6 Haegen *Eglise (clocher en partie roman), vieilles demeures, fontaine Saint-Quirin* ➤ Traverser le village pour rejoindre

km 8 Saint-Gall *Chapelle (colombage et mobilier baroque XVIIe/XVIIIe s.), maisons en pierre* ➤ La D 117 conduit à

km 10 Reinhardsmunster *Chapelle romane (XIIe s.) au cimetière, ancien château de chasse (1621), autels (1780) dans l'église* ➤ A la sortie du village, prendre à droite la D 117 pour

km 12 Hengwiller *Maisons anciennes en pierre, vieille fontaine* ➤ La première petite voie à droite après l'église se dirige vers

km 13 Birckenwald *Château (XVIe s.), église (clocher à bulbe et chœur gothique), maisons anciennes* ➤ Près de l'église, la D 229 se dirige vers

km 15 Dimsthal *Vestiges gallo-romains, maisons à pans de bois* ➤ La D 117 vers Salenthal (église moderne et croix de chemin), puis la D 817 après l'église de Salenthal pour arriver à

km 17 Allenwiller *Eglise de 1740 (clocher fortifié de style roman, custode gothique à l'intérieur)* ➤ La D 817 conduit à

km 19 Romanswiller *Tour romane (église protestante), maisons à colombage (XIXe s.), château de l'Oberschloss* ➤ A l'église prendre la D 173 en coupant la N 4 pour rejoindre

km 21 Crastatt *Clocher fortifié, vieilles maisons* ➤ A la sortie du village, prendre la D 173 puis la D 683 pour aller

km 23 Jetterswiller *Clocher roman (église et presbytère du XVIIIe s.)* ➤ A droite de l'église la D 683 conduit à

km 25 Reinacker *(couvent) Eglise-halle du XVe s., chemin de croix (1720)*

km 26 Reutenbourg *Eglise baroque avec clocher, chœur roman (XIIe s.)* ➤ Suivre la D 68 à la sortie du village puis à gauche la D 668 (chemin de croix du Kopp – panorama –) pour

km 28 Marmoutier *Abbatiale (XIIe s.), crypte-musée, musée d'Arts et Traditions populaires, mairie (1556), maisons juives (toit amovible), musée de l'Orgue, chapelle romane du cimetière (triptyque XVe s.), église du Sindelsberg (XIVe s.)* ➤ De l'autre côté de la N 4, prendre la D 229 par

km 31 Schwenheim *Eglise (Clocher roman, fenêtres gothiques, chaire baroque et fonts Renaissance)* ➤ Retour à Saverne par la D 441 et la D 41, puis à gauche (pont du chemin de fer, cimetière militaire), le port de plaisance (bassin du château) et la gare SNCF bien indiquée

km 36 Saverne

La forêt de Westhoffen

Le beau bourg ancien de Westhoffen est riche d'une chênaie qui compte parmi les plus remarquables de la région. A l'Elmersfort, l'histoire rejoint celle des hospices de Strasbourg, propriétaire de nombreux domaines forestiers et viticoles dans la région. Cet itinéraire, facile et ombragé, permet de mieux découvrir un coin d'Alsace oublié des touristes. Avec plus de cinq mille cerisiers, c'est bien sûr au printemps que cette balade est la plus belle, quand les arbres en fleurs embellissent le paysage de mille couleurs.

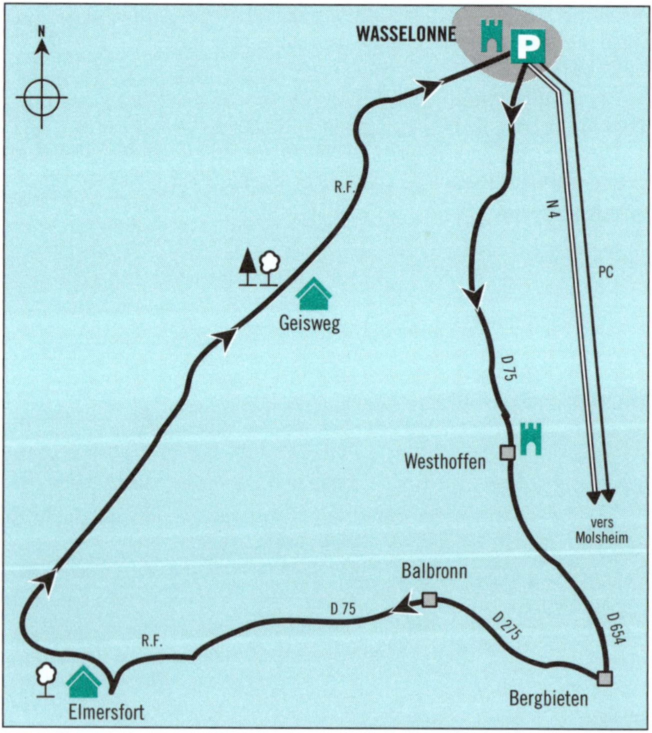

Accès Wasselonne est à 30 km de Strasbourg (RN 4), piste cyclable de Molsheim à Marlenheim

Parking Place Leclerc (hôtel de ville)

Parcours 25 km, facile (vallonné)

A savoir Randonnées à vélo (club local) tous les dimanches matin. En saison, restaurant de l'Elmersfort en forêt

Informations Office de tourisme de Wasselonne, Tél. 03 88 59 12 00, 03 88 87 03 28

➤ **Wasselonne** *Circuits historiques, château fort, orgues Silbermann de l'église protestante (1757), église catholique (1941), vieilles maisons, belle école d'escalade dans le Kronthal (piste cyclable)* ➤ Quitter le centre-ville en empruntant la direction de Westhoffen par la rue du 23-Novembre, la rue Jost, la rue de la poste. Traverser la Mossig pour rejoindre l'ancienne gare, le cimetière protestant (chaire en plein air du XVIIe s.) et la D 75 qui conduit à

km 4 Westhoffen *Cité viticole et arboricole, vieux quartiers, (église protestante XIIIe/XIVe s.), église catholique (pastiche de la première), château Rosenbourg, remparts, vieille synagogue, ancien moulin et vestiges de l'église St-Ehrard, enseignes et pressoirs d'antan* ➤ Quitter le bourg par la D 75 (à gauche avant l'église protestante) pour rejoindre, par la D 654,

km 7 Bergbieten *Eglise (1840), grange dîmière (XVIIIe s.), maisons anciennes* ➤ A l'église, prendre à gauche la D 275 pour se rendre à

km 9 Balbronn *Eglise protestante romane (cimetière fortifié), maisons typiques, presbytère (XVIe s.) et église catholique (ex-chapelle du château, pierres tombales du XVIe s.), distillerie* ➤ Continuer sur la D 75, 2 km plus loin prendre à droite la route forestière vers la

km 14 Maison forestière Elmersfort *Construite en 1755, propriété de la ville de Strasbourg, site d'un village disparu, chêne de la Liberté (Jaegerschmidt), chêne Baillard* ➤ Toujours sur la route forestière, rejoindre la

km 18 Maison forestière Geisweg *Séquoia et sapin de Nordmann* ➤ La route forestière continue vers Wasselonne par le Schantz et le faubourg de Brechlingen (archéologie industrielle) avant d'arriver à

km 25 Wasselonne ➤ Rejoindre le centre-ville par la place Bel Air, la rue Amos, l'allée des platanes et la rue de Cosswiller à droite

La « Petite Suisse » alsacienne

Entre Wangenbourg et la Bruche, la Petite Suisse alsacienne étale ses charmes. Menant à travers prés et vignobles, bois et vergers, ce circuit à plusieurs options est un véritable condensé de tous les paysages alsaciens. Et les amateurs de vieilles pierres se réjouiront des châteaux souvent inconnus jalonnant ce parcours idyllique.

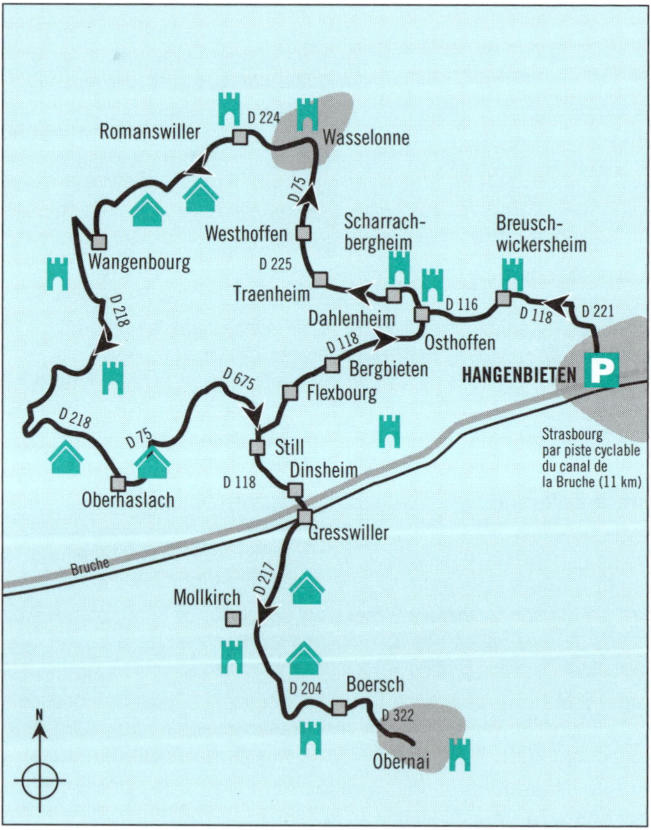

Accès Depuis Strasbourg (Ste-Aurélie), rejoindre Hangenbieten par la piste cyclable (rue de Molsheim et le long de l'Ill jusqu'au canal)

Parking Sainte-Aurélie (boulevard de Metz) avec vélocation

Parcours 89 km (circuit montagneux) ; 49 km, facile (circuit vallonné)

A savoir Wasselonne est relié à Marlenheim et à Molsheim par une piste cyclable. Ferme-auberge (microbrasserie) à Scharrachbergheim, Tél. 03 88 50 61 31

Informations Office de tourisme de Strasbourg, Tél. 03 88 52 28 28 / 03 88 32 51 49 ; vélo-tram (CTS), Tél. 03 88 77 70 70 ; locations aux étudiants (vélos de seconde main), Tél. 03 88 27 32 32 ; Office de tourisme d'Obernai, Tél. 03 88 95 64 13

➤ **Hangenbieten** *Eglise protestante du XIIe s. (porte de 1574) et cimetière Empire, vieilles maisons, manoir des Hanau-Lichtenberg (presbytère)* ➤ Traverser le village et prendre la D 221 vers

km 2 Breuschwickersheim *Eglise protestante (tour et chœur gothiques), pierre tombale de J. Sturm (XVIIIe s.), relief romain ; château Renaissance fortifié côté campagne* ➤ Traverser le village ; la deuxième route à droite par le cimetière (D 116) mène à

km 6 Osthoffen *Clocher de l'église en partie roman, château (XVIe/XVIIIe s.) et parc remarquable* ➤ La troisième route à gauche (D 118) conduit à

km 10 Dahlenheim *Village viticole perché, vieux puits, église baroque et ancien presbytère (1612), panorama* ➤ La troisième route à droite passe devant l'église et conduit à

km 11 Scharrachbergheim *Château (avec jardins) du XVe s., église protestante (clocher roman, chœur gothique et nef baroque), panorama sur le vignoble* ➤ Descendre du village pour rejoindre la vallée de la Mossig (D 225) et la cave coopérative vers

km 14 Traenheim *Eglise protestante (clocher roman et chœur gothique), maisons anciennes (« Loejelguecker »), sentier viticole* ➤ Par la D 225 (tout droit), rejoindre

km 16 Westhoffen *Bourg historique : église protestante (XIIIe/XIVe s.), vitraux, chœur et orgues (1768), remparts, fontaines, maisons anciennes, château Rosenbourg (XIVe s.), vieux moulin* ➤ On traverse le bourg pour rejoindre la D 75 qui conduit à

10 La « Petite Suisse » alsacienne

km 20 Wasselonne *Circuits historiques, ancien château-fort, église protestante baroque (orgues Silbermann, 1749), vieilles maisons, chaire extérieure (XVIIe s.) au cimetière protestant* ➤ A la sortie nord de la ville, une piste cyclable (ou la D 224) se dirige vers

km 24 Romanswiller *Clocher roman (église protestante), maisons anciennes, château Oberschloss (XVIIe s.), vieux moulins, anciens lavoirs* ➤ Traverser le village. la route D 224 monte en longeant la Mossig pour rejoindre, par la forêt, le site de la Petite Suisse, puis Engenthal et

km 39 Wangenbourg *Château fort (XIVe s.), chapelle du cimetière (chœur du XIIIe s.)* ➤ La D 218 descend vers

km 48 Le Nideck (lieu-dit) *Vestiges de deux châteaux forts, cascade* ➤ Par Gensbourg (*manoir de chasse du Kaiser*), la D 218 mène à

km 57 Oberhaslach *Chapelle St-Florent (XVIIIe s.) avec ex-voto* ➤ Face à l'église prendre la D 75 vers Balbronn. Plus loin, à droite, à la seconde maison forestière, prendre la D 675, puis la D 54 vers

km 68 Still *Maisons anciennes, bénitier et linteau roman dans l'église* ➤ Continuer tout droit (D 118) pour se rendre à

km 70 Dinsheim *Ancien pèlerinage de la Vierge (XVIIIe s.), gorge naturelle* ➤ Traverser l'A 352 par la D 217 pour rejoindre

km 72 Gresswiller *Eglise clocher gothique et nef XVIIe s., vieux lavoir, grotte de Lourdes* ➤ La même D 217 mène à

km 78 Mollkirch *Belle église catholique, château fort Guirbaden (XIIe/XVe s.), chapelle de Laubenheim* ➤ Par la D 617 (église de Mollkirch), puis la D 217 (centre équestre) direction Klingenthal (château et musée de l'Arme blanche), puis la D 204 (à quitter avant Klingenthal), prendre à gauche la D 216 pour

km 85 Boersch *Village clos, vieilles maisons, clocher roman et fresques (XIIe s.) dans l'église, petit musée et sentier viticole* ➤ La D 322 située de l'autre côté des remparts permet de rejoindre

km 89 Obernai *Promenade des remparts, maisons (XIIIe s.), cour Fastinger, beffroi, château de la Léonardsau (musée), Mont des Oliviers, sentier viticole* ➤ Le retour s'effectue soit par Flexbourg-Bergbieten ou par Obernai, Bischoffsheim, Rosheim, Dorlisheim, Molsheim (itinéraire et pistes cyclables). L'option par Flexbourg et Bergbieten (D 118) évite la montagne vosgienne (enchaînement à Dahlenheim).

Guide-Poche

Dans la même collection

ALSACE

Fermes-auberges Alsace & Vosges
Jocelyne Fritsch

Balades à pied Alsace & Vosges
Jean-Louis Keller

Sentiers nature en Alsace
Ariena

L'Alsace à vélo
Alain Morley

ALLEMAGNE

Forêt-Noire
Balades nature et fermes-auberges
ouvrage collectif

Fermes-auberges en Forêt-Noire et dans le Palatinat
ouvrage collectif

ARDENNES

Balades à pied dans les Ardennes
Guy Pleutin et Michel Degré

LORRAINE

Fermes-auberges en Lorraine
François Moulin

Guide Art nouveau de Nancy
Fabrice Barbian

FRANCHE-COMTÉ

Fermes-auberges en Franche-Comté
François Chauvin

Balades à pied en Franche-Comté
Bernard Lyonnet

La Franche-Comté à vélo
Pierre Dornier

DNA

Au pays de la choucroute

Tout près de Strasbourg, la campagne alsacienne dévoile ses charmes. Ce circuit, qui longe en partie le paisible canal de la Bruche, est truffé de petites merveilles naturelles – le Ried – et architecturales, comme le superbe et méconnu village de Hindisheim. Il mène aussi à travers le pays de la choucroute en pleine activité à la fin de l'été.

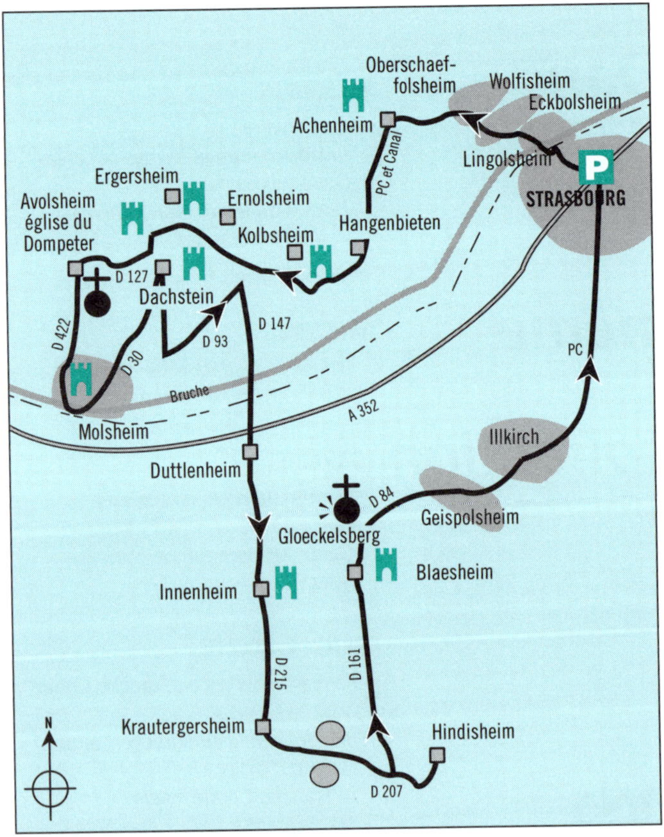

Accès Depuis le parking Ste-Aurélie (gare), par la piste cyclable rue de Molsheim puis en longeant l'Ill jusqu'à la piste cyclable du canal de la Bruche

Parking Ste-Aurélie, boulevard de Metz, vélocation (près de la gare SNCF)

Parcours 68 km, vallonné

A savoir Molsheim est relié à Wasselonne par une piste cyclable

Informations Office de tourisme de Strasbourg, Tél. 03 88 52 28 28 / 03 88 32 51 49 ; vélo-tram (CTS), Tél. 03 88 77 70 70 ; locations aux étudiants (vélos de seconde main), Tél. 03 88 27 32 32

➤ **Strasbourg** *La cathédrale ; églises St-Thomas et St-Pierre-le-Jeune, Petite France ; musées : de l'Œuvre Notre-Dame, des Beaux Arts, des Arts décoratifs, Archéologique, Alsacien, Zoologique, d'Art moderne, Naviscope ; quartier allemand (1871-1918), quartier des institutions européennes, jardin botanique* ➤ Suivre la piste cyclable du canal de la Bruche. Des petits écarts permettent de visiter les communes de :

km 4 Eckbolsheim *Eglise protestante au chœur gothique*

km 9 Achenheim *Manoir moderne perché, fermes*

km 11 Hangenbieten *Eglise protestante (XIIe s.), manoir du bailli, belle vue*

km 14 Kolbsheim *Château (XVIIIe s.) avec jardins, musée J. Maritain*

km 16 Ernosheim *Manoir d'Uhrendorf, vieilles maisons*

km 19 Ergersheim *Ancien château (1820), tour de la Bleiche*

km 20 Wolxheim *Village viticole, petit manoir (canal), chapelles*

km 21 Avolsheim *Baptistère du Xe s. (fresques), église de Dompeter (origine IXe s.) avec mémorial des scouts d'Alsace (SDF), site*

km 23 Molsheim *Eglise des Jésuites (XVIIIe s.), remparts, Metzig (1525), château Oberkirch (1770), musées, vieilles maisons*

km 28 Dachstein *Porte fortifiée, châteaux, chœur gothique de l'église* ➤ Prendre la première route à gauche (D 93) pour rejoindre à 2 km la D 147 que l'on prend à droite jusqu'à

km 36 Duttlentheim *Eglise de 1770 (pierres tombales), presbytère de 1787, ancien moulin* ➤ Continuer tout droit par la D 147 pour

km 40 Innenheim *Autel du XVIIIe s. dans l'église, manoir des Berckheim (XVIIIe s.), ancien relais de poste (XVIIe s.)* ➤ A la sortie du village, prendre à droite la D 215 vers

km 42 Krautergersheim *Mairie remarquable, moulin (XVIIIe s.), choucrouterie, vestiges de la chapelle de l'ancien château (pierres tombales)* ➤ Depuis l'église prendre la D 207 (par la ballastière) et traverser le Bruch de l'Andlau pour rejoindre

km 48 Hindisheim *Très beau village, séchoirs à tabac, chapelle au clocheton à colombage, maisons remarquables datées* ➤ Revenir vers Krautergersheim pour prendre à droite (à 2 km) la D 161 qui rejoint le village de

km 56 Blaesheim *Eglise protestante baroque (1762), petit manoir, clocher roman (panorama) sur le Goeckelsberg, vieilles maisons* ➤ A la sortie du village, une piste cyclable longe la D 84 vers

km 60 Geispolsheim *Maisons remarquables dont une ferme archaïque (XVe s.), église baroque (1771) avec clocher du XIIe s., ancien château (hospice Elisa), cabines téléphoniques à colombage* ➤ Une piste cyclable rejoint Geispolsheim-Gare. De l'autre côté de la voie ferrée, une autre piste cyclable passe sous l'autoroute pour rejoindre

km 64 Illkirch-Graffenstaden *Ancienne orangerie Kinglin (XVIIIe s.), clocher à pans de bois sur l'église protestante (XVe/XVIe s., chaire en forme de bateau), parc animalier Girlenhirsch près de l'Ill, vieilles maisons dans le centre* ➤ Par les rues des Maçons et des Vignes depuis la route de Lyon (salle des fêtes), on rejoint de l'autre côté de la ville la piste cyclable du canal du Rhin au Rhône qui mène au centre de Strasbourg jusqu'au barrage Vauban en contournant l'hôpital civil.

La campagne de Brumath

Aux portes de la ville, ce circuit sans difficulté fait découvrir des ports de plaisance, des musées méconnus ou encore la belle forêt de Geudertheim. Et le canal de la Marne au Rhin s'étire, paresseux, vers le nord de Strasbourg, conférant à cette paisible balade son charme bucolique.

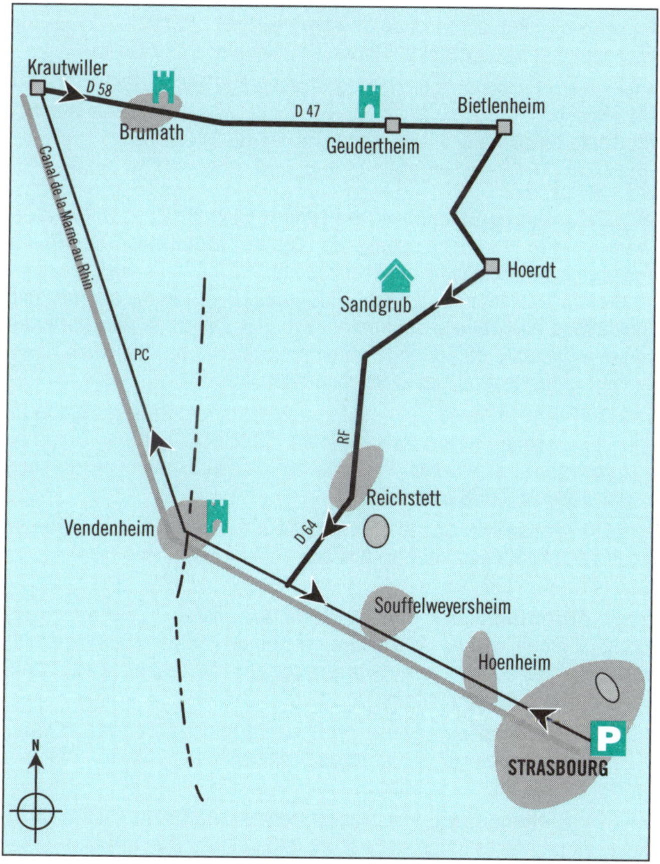

12 La campagne de Brumath

Accès Le parc de l'Orangerie (Strasbourg) est situé à 2 km au nord-est de la cathédrale

Parking Devant le parc (face au Palais de l'Europe)

Parcours 45 km, facile (plat)

A savoir Un itinéraire cyclable, depuis la place Saint-Etienne (par les quais et l'église St-Paul), rejoint le Palais de l'Europe et l'Orangerie

La piste cyclable du canal de la Marne au Rhin est reliée (Conseil de l'Europe) à celle du canal du Rhône au Rhin (place de l'Etoile)

Informations Office de tourisme de Strasbourg, Tél. 03 88 52 28 28 / 03 88 32 51 49 ; Vélo-tram (CTS), Tél. 03 88 77 70 70 ; Locations aux étudiants (vélos de seconde main), Tél. 03 88 27 32 32

➤ **Strasbourg** *La cathédrale ; églises St-Thomas et St-Pierre-le-Jeune, Petite France ; musées : de l'Œuvre Notre-Dame, des Beaux Arts, des Arts décoratifs, Archéologique, Alsacien, Zoologique, d'Art moderne, Naviscope ; quartier allemand (1871-1918), quartier des institutions européennes, jardin botanique* ➤ Depuis le parc, prendre la piste cyclable qui longe le canal de la Marne au Rhin vers Hoenheim, Souffelweyersheim et Reichstett jusqu'à

km 10 Vendenheim *Eglise luthérienne (tour, chœur gothique du XIIIe s.), château Sury (1838), colonne Napoléon, porches ornés de colombage (rare)* ➤ Continuer sur la rive du canal (parcours forestier) avant d'arriver (D 58 à droite) à

km 20 Krautwiller *Chapelle du cimetière romano-gothique* ➤ Passer sous l'autoroute puis tourner à droite, le long de la voie ferrée, pour rejoindre, par la D 58,

km 22 Brumath *Eglise protestante dans le château (XVIIIe s.), musée archéologique, musée de peinture, musée de l'Hôpital (Stephansfeld), circuit et parc botanique (Graffenbourg)* ➤ Traverser la ville pour rejoindre la D 47 en direction de

km 26 Geudertheim *Eglise protestante (clocher, chœur roman), église catholique (XIXe s.), château Schauenbourg (XIXe s.), maisons anciennes* ➤ La D 47 conduit à

km 28 Bietlenheim *Eglise protestante de 1833* ➤ Au centre du village, emprunter la petite route à droite qui rejoint (par la gare)

km 30 Hoerdt *Village fleuri, belles fermes à pans de bois, église (XIXe s.), hippodrome, culture d'asperges, stèle du pasteur Heyler qui introduit cette culture (presbytère)* ➤ Traverser le village et suivre, à la sortie, la petite route de droite qui rejoint la forêt. A la lisière, prendre à gauche la route forestière qui rejoint la raffinerie (piste cyclable). Prendre en face la D 64 qui rejoint le canal par-dessus l'autoroute. Après le pont, la piste cyclable permet de rejoindre Strasbourg par

km 37 Reichstett *Belle église baroque de 1767, église protestante, maisons à pans de bois, fort Rapp (XIXe s.)*

km 39 Souffelweyersheim *Eglise catholique néo-classique (1784), église protestante moderne* ➤ La piste cyclable conduit ensuite à

km 41 Hoenheim *Belle église protestante St-Jean (clocher XIIe s.), maisons et presbytère anciens* ➤ Continuer sur la piste cyclable pour

km 45 Parc de l'Orangerie *Lac, cascade, Pavillon Joséphine (expositions temporaires), arbres remarquables, ferme pédagogique, œuvres plastiques d'art contemporain, zoo, parc à cigognes, restaurant Buerehiesel*

Du ried de la Bruche aux Vosges

Traversant plaines, collines et forêts vosgiennes, ce circuit tourmenté offre les merveilles architecturales et les sites naturels les plus divers. De Bischoffsheim, l'une des capitales du kirsch, avec ses châteaux urbains, en passant par la superbe grange dîmière d'Altorf, voilà un morceau d'Alsace sans artifice trop souvent oublié. Même par ses habitants.

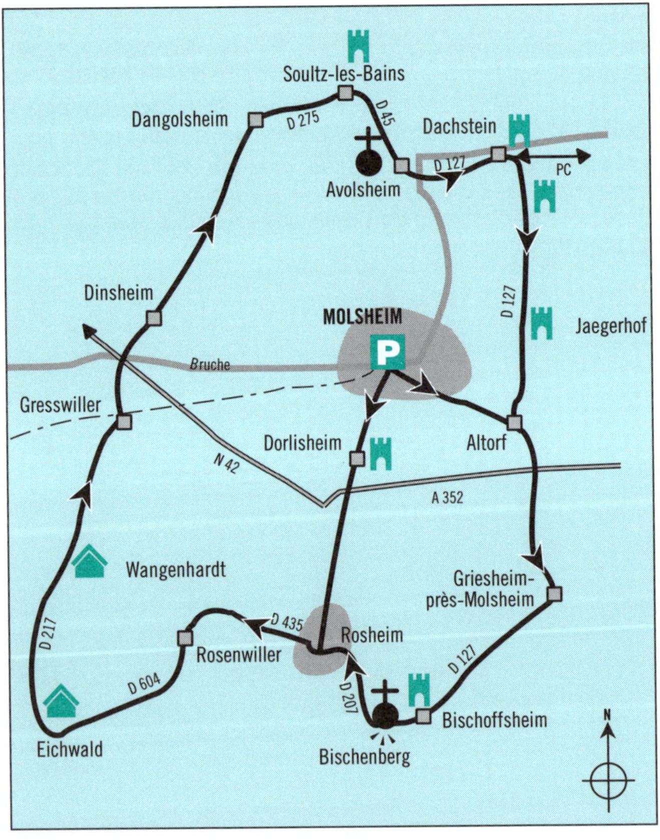

Accès Molsheim est situé à 25 km de Strasbourg (A 352). Accès possible par piste cyclable depuis Strasbourg

Parking Gare SNCF de Molsheim

Parcours 41 km (option courte 31 km), vallonné

A savoir Agence locacycles et balade, Tél. 03 88 38 71 31. Existence de pistes cyclables Molsheim-Dorlisheim, Soultz-les-Bains-Molsheim, Avolsheim-Molsheim et Dachstein-Molsheim

Informations Office de tourisme de Molsheim, Tél. 03 88 38 11 61 ; ferme-auberge, 12 place de la Liberté, Molsheim, Tél. 03 88 49 80 51. Office de tourisme de Strasbourg, Tél. 03 88 52 28 28/ 03 88 32 51 49 ; vélo-tram (CTS), Tél. 03 88 77 70 70 ; locations aux étudiants (vélos de seconde main), Tél. 03 88 27 32 32

➤ **Molsheim** *Remparts, tour, Metzig (1525), église jésuite (XVIIIe s.), château Oberkirch (1770), musées, église protestante (1900) et tribunal (pastiche de la Metzig), maisons remarquables* ➤ Depuis la place de la gare, prendre par la petite route qui passe devant le lycée (situé face à la gare) qui conduit à

km 3 Altorf *Eglise (XIIe/XVIIIe s., riche mobilier et orgues Silbermann), grange dîmière, magnifique presbytère (XVIIe s.), vieux puits* ➤ Depuis l'église, prendre tout droit la D 127 pour

km 5 Griesheim-près-Molsheim *Belle statue de Saint-Alexis (église), vieilles maisons, ancien moulin, vieille chapelle de cimetière, chèvrerie* ➤ A cette chapelle, tourner à droite (D 127) afin de rejoindre

km 8 Bischoffsheim *Village en pente, cerisiers, demeures à pans de bois, église du XVIIIe s. (orgues), châteaux urbains haut et bas, couvent du Bischenberg (chemin de croix et panorama)* ➤ A partir de la gare, rejoindre (D 207) la cité de

km 11 Rosheim *Vieilles portes, remparts, maison romane (1160), belle église du XIIe s. (orgues Silbermann), route romane, hôtel de ville Louis XV, grange aux dîmes, église néo-classique de 1781 au clocher roman, exposition archéologique* ➤ Contourner la vieille ville par l'avenue Foch, traverser la voie ferrée (face à la tour du Lion), prendre la première à gauche (rue de Rosenwiller) pour rejoindre le village du même nom (D 435)

km 14 Rosenwiller *Eglise remarquable (XIIIe/XVe s., verrières, fresques), grand cimetière juif (six mille tombes dont certaines très anciennes)* ➤ Depuis ce cimetière, prendre direction Grendelbruch (D 604) après la maison forestière à droite, la D 217 rejoint la gare de Gresswiller par la maison forestière Wangenhardt et la forêt

km 24 Gresswiller *Eglise (clocher gothique tardif, mobilier baroque et Saint-Sépulcre du XVe s.), vieilles maisons* ➤ Traverser la voie rapide pour rejoindre, de l'autre côté de la vallée, le village de

km 25 Dinsheim *Chapelle de la Vierge (XVIIIe s., meule d'autel), calvaires, vieilles maisons et gorge naturelle* ➤ Au pied du fort de Mutzig (deuxième à droite après l'église), prendre la petite route vers

km 29 Dangolsheim *Eglise (clocher roman et chœur gothique), galeries souterraines anciennes et vieille tour au sud du village* ➤ La troisième route à gauche mène à la D 275 en direction de

km 31 Soultz-les-Bains *Ancienne station thermale, maisons de vignerons, église (XIVe s., clocher octogonal XIIe/XVIIe s., chaire et orgues Silbermann/Stiehr)* ➤ Tout droit, depuis l'église, traverser la Mossig et prendre à gauche la D 45 vers

km 33 Avolsheim *Baptistère (Xe s.), église Dompeter (XIe s.) avec mémorial des scouts d'Alsace* ➤ A la sortie du village, prendre la D 127 vers

km 35 Dachstein *Ancien village fortifié, église (chœur gothique), château fort épiscopal* ➤ Retour par Altorf (ou par la petite route située à droite de l'église protestante)

km 41 Molsheim

Variante courte

Dorlisheim *Eglise protestante romane, vieilles maisons, commanderie de St-Jean (XIIIe s.), château Hervé-Gruyer (1714), vieux puits, bar Bugatti.*

La grande plaine d'Erstein

Calme et facile d'accès, le « plat pays » au sud de Strasbourg est devenu, au fil des années, un véritable paradis pour les cyclotouristes. Cette balade longue, mais sans difficulté, initie à la découverte d'un terroir occulté. Les rieds sont magnifiques, la forêt rhénane déploie ses beautés tout au long de l'année. Et les rares villages traversés ont le charme paisible des contrées situées à l'écart du tourisme de masse.

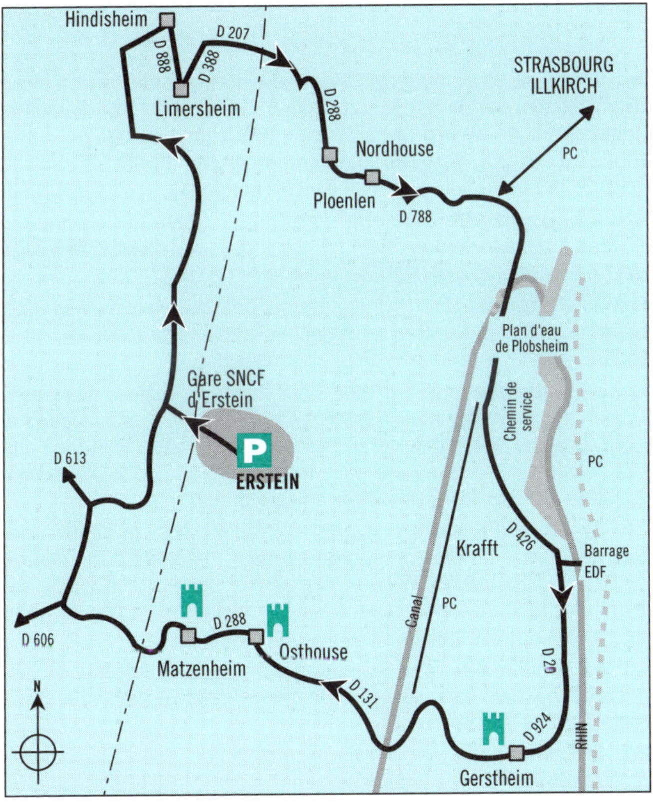

14 La grande plaine d'Erstein

Accès Erstein est situé à 25 km au sud de Strasbourg

Parking Gare SNCF d'Erstein ou plan d'eau de Plobsheim

Parcours 44 km depuis Erstein, 62 km depuis Strasbourg facile (plat)

A savoir Belles pistes cyclables dans la forêt de la Sommerley (Krafft)

Informations Office de tourisme d'Erstein, Tél. 03 88 98 14 33 ; Office de tourisme de Strasbourg, Tél. 03 88 52 28 28 / 03 88 32 51 49 ; vélo-tram (CTS), Tél. 03 88 77 70 70 ; locations aux étudiants (vélos de seconde main), Tél. 03 88 27 32 32

➤ Venant de Strasbourg par la piste cyclable, aborder le plan d'eau de Plobsheim par sa partie sud. Quitter la piste cyclable qui suit le canal du Rhône au Rhin à hauteur de Krafft pour s'engager sur la route EDF (D 20), vers Gerstheim en empruntant la D 426 puis la D 20, la deuxième route à droite (D 924) conduit à

km 27 **Gerstheim** *Eglise néo-gothique, château de Bancalis (XVIIIe s.), manoir Keyling (XVIIIe s.), vieux puits* ➤ Traverser le village pour se rendre par la D 131 (qui traverse le canal) à

km 33 **Osthouse** *Eglise (XVIIe s., clocher gothique au bulbe baroque), chapelle funéraire des Zorn de Burlach, château Renaissance* ➤ Après l'église, tourner à gauche (D 288) pour rejoindre

km 34 **Matzenheim** *Belle mairie à pans de bois, château des Werde (XVIe/XIXe s.), ancien moulin (XVIe s.), maisons (XVIIIe s.)* ➤ Après la gare, prendre le chemin balisé de l'autre côté de la voie ferrée (il permet de rejoindre la gare d'Erstein ou la D 288 par Osthouse). A 500 m à droite sur la D 613 qui va vers Uttenheim

km 37 **Gare d'Erstein** *Une piste cyclable rejoint le centre-ville, fermes à pans de bois (séchoirs à tabac), maisons de tanneurs, église avec porche de 1716* ➤ A la gare, longer la voie ferrée sur 3 km (par la première à droite) avant de rejoindre le contournement de Limersheim, puis après 1,5 km tourner vers

km 43 **Hindisheim** *Très beau village de plaine, chapelle avec clocheton à pans de bois, séchoirs à tabac* ➤ Après l'église la première route à droite (D 888) rejoint

km 44 **Limersheim** *Eglise (XVIIIe s.), chemin de croix (1760), belles fermes anciennes* ➤ La première route à gauche après l'église (par un beau calvaire) rejoint la D 207. Tourner à droite (gare et passage au-dessus de la RN 83) pour rejoindre la D 288 qui conduit à

km 48 Nordhouse *Mairie à pans de bois (style Empire), chœur et clocher romans avec bulbe baroque, chapelle St-Ludan (XVIIIe s.), rare banc Napoléon semi-circulaire (RN 83)* ➤ Rejoindre la piste cyclable vers Strasbourg par la D 788 (près de l'église) et l'écart de Ploenlen. Détour possible par Plobsheim. *Châteaux : Zorn (1588) devenu mairie, de la Thumenau (1815), Guentzer (1706), Kempferhof (1880 golf), chapelle Notre-Dame-du-Chêne (chœur polygonal gothique) et logement à pans de bois, casemates Maginot* ➤ Reprendre la piste cyclable qui mène à

km 62 Strasbourg

Autour de Barr

A l'ombre d'Obernai et de ses richesses, la cité viticole de Barr marque le départ d'un circuit à travers le vignoble et la plaine d'Alsace. En passant par Heiligenstein, réputé pour son fameux Klévener, et Andlau, patrie de sainte Richarde, cette balade facile, quoique vallonnée, aide à découvrir les merveilles cachées de villages au charme romantique. Les amateurs de vieilles pierres se réjouiront des châteaux et des splendides maisons à colombage.

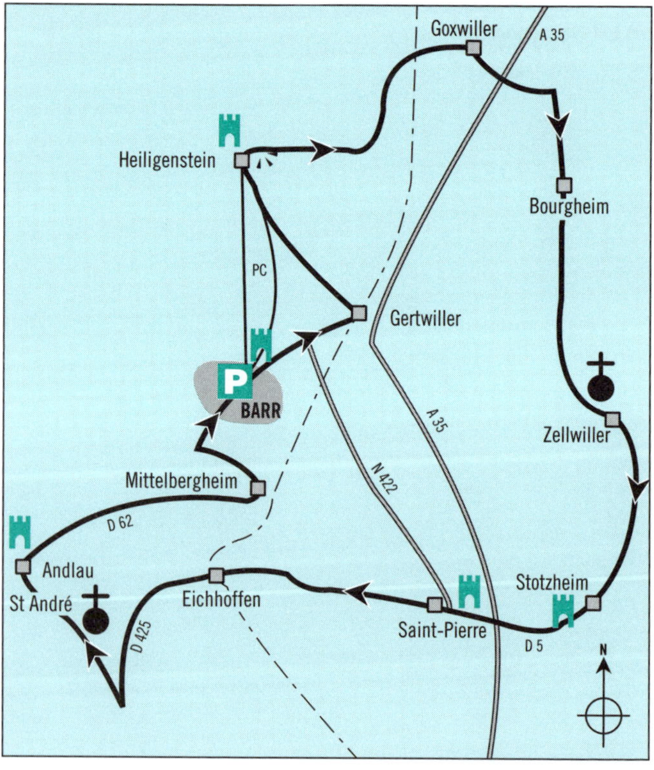

Accès Barr est situé à 40 km de Strasbourg (A 35)

Parking Gare SNCF de Barr

Parcours 25 km, facile (vallonné)

A savoir Piste cyclable entre Barr et Heiligenstein

Informations Office de tourisme de Barr, Tél. 03 88 08 66 65

➤ **Barr** *Eglise protestante (art funéraire), clos viticole, maison Folie Marco (meubles « Retour d'Egypte »), musée de la Schlitte, quartier des tanneurs, bel hôtel de ville, sentier viticole* ➤ Passer devant l'église, traverser la voie ferrée puis rejoindre la D 42. En face, une petite voie rejoint par les vignes et le quartier St-Simonsbrunnen le village de

km 4 Heiligenstein *Village-balcon (panorama jusqu'à Strasbourg), pays du Klevener, fontaine de l'Ours (XIVe s.), vieilles maisons* ➤ A la sortie du bourg (vers Ottrott), la première route à droite descend à

km 7 Goxwiller par le vignoble *Eglise mixte (XVIIe s.), maison dîmière (1608), boulangerie (XVIe s.), travail à bœuf (XVIIIe s.)* ➤ De l'autre côté du village, prendre la route qui coupe la D 422 et l'A 35 vers Valff, à l'entrée de ce village (vieux moulin à huile), prendre à droite la D 42 pour

km 10 Bourgheim *Belle église mixte (XIIe s.), relais de la Charrue (1792) et maisons typiques* ➤ Un chemin cyclable balisé près de l'église conduit à

km 12 Zellwiller *Maisons de vignerons, ossuaire de l'église (XVIIIe s.), calvaire, moulin, chapelle* ➤ A l'opposé du village, un chemin balisé (ou la D 215) conduit à

km 14 Stotzheim *Bourg du tabac, des manoirs et des moulins* ➤ La première route à droite après l'église conduit à

km 16 Saint-Pierre *Bel orgue Silbermann dans l'église (XIXe s.), presbytère (XVIIIe s.)* ➤ Passer devant (D 5) le château d'Ittenwiller, puis en coupant l'A 35 (attention à la traversée de la RN 422) traverser la voie ferrée dans le petit village de

km 18 Eichhoffen *Chapelle de 1052 (fresques du XVe s.), vieux lavoir* ➤ Prendre la direction de Barr (première à droite après la voie ferrée). La D 425 toute proche à gauche conduit à

km 20 **Andlau** *Abbatiale, chapelle St-André (fresques XIVe/XVe s.), clos viticole, remparts et tours, maisons remarquables et puits* ➤ Au centre du bourg, prendre à droite la D 62 (ou le chemin balisé) pour

km 22 **Mittelbergheim** *« Beau village de France », maisons Renaissance, église protestante romano-gothique, maison dîmière, vieille forge (musée), sentier viticole (BD), pressoirs, moulin, lavoir et œnothèque* ➤ Près des églises, prendre la petite route qui conduit à

km 25 **Barr**

Variante

par Gertwiller (longer la voie ferrée et la petite route d'exploitation viticole) *Eglise protestante (clocher roman, fresques XVe s.), ancien relais de poste, musées viticole et du pain d'épices, maisons remarquables.*

Autour de Benfeld

Elle a un petit air d'Italie, la belle cour de l'ancien hôpital de Benfeld. Mais c'est bien à travers la plaine d'Alsace que mène cette balade facile et agréable, tout au long d'une nature paisible et des villages un peu oubliés. Des chapelles rurales, de vieux moulins et le Bruch de l'Andlau étonneront tous les amoureux de patrimoine bâti et naturel.

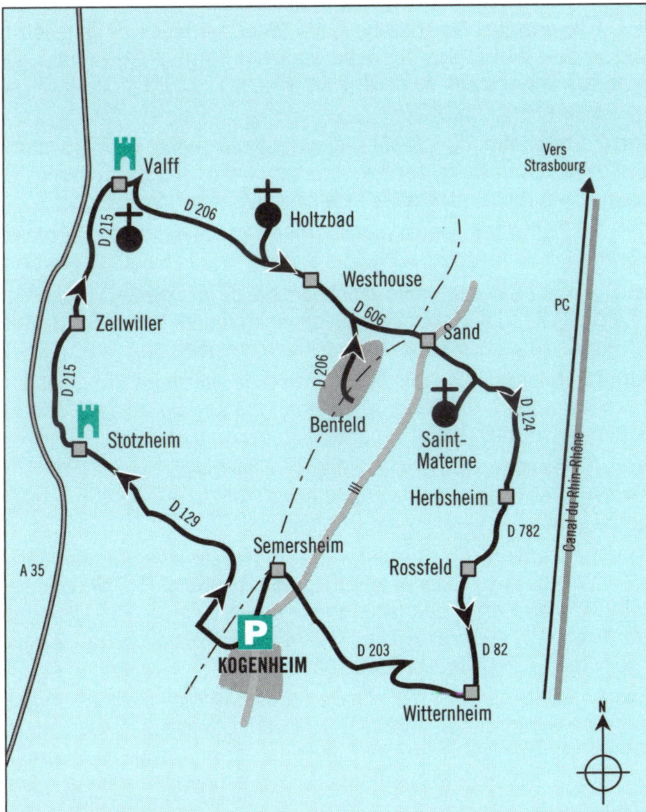

16 Autour de Benfeld

Accès Benfeld est situé à 32 km au sud de Strasbourg (Kogenheim à 38 km)

Parking Gare de Kogenheim

Parcours 50 km, facile (plat)

A savoir Piste cyclable de Strasbourg à l'ouest d'Herbsheim (canal)

Informations Office de tourisme de Benfeld, Tél. 03 88 74 04 02

➤ **Kogenheim** *Maisons typiques (dont certaines de bateliers), église de 1746 (décor rococo), ancienne forge* ➤ De la gare, se rendre à Semersheim au nord. Tout près, la D 129 à droite traverse la voie ferrée et conduit à

km 7 Stotzheim *Rives fleuries (moulins à eau), église de 1765 (mobilier baroque), manoirs, séchoirs à tabac, vieilles maisons typiques et fleuries* ➤ A droite, par l'église et le cimetière, rejoindre la D 215 pour

km 10 Zellwiller *Ancien moulin, maisons de vignerons, ossuaire (XVIIIe s.) près de l'église* ➤ Prendre toujours la D 125 pour se rendre à

km 14 Valff *Clocher roman et nef baroque de la chapelle, vestiges du château (XVIe s.)* ➤ Traverser le village pour prendre la D 206 à travers le Ried de l'Andlau. 4 km à droite, petite route pour

km 18 Holtzbad *Chapelle (XIIe s., fresques anciennes XIVe s. et statues baroques), magnifique ancienne maison de bains (XVIIIe s.)* ➤ Revenir sur la D 206. A gauche, la route part vers

km 20 Westhouse *Maisons à loggia, vieux puits, manoir Rathsamhausen (colombage), église néo-gothique (XIXe s.)* ➤ La D 206 conduit par la gare à

km 23 Benfeld *Circuit historique, hôtel de ville (Jacquemart, XVIe/XVIIe s.) avec vestiges romains, ancien hôpital (1625), châtelet (1620), ancien relais de poste, tuilerie d'antan, église (1844 ; pierres tombales XVe s.), presbytère (XVIIIe s.)* ➤ Traverser le bourg pour rejoindre (D 829 ou D 206/D 606 par la gare)

km 27 Sand *Eglise (1781 ; chaire rococo), vieilles maisons, moulin sur l'Ill* ➤ A l'église, prendre la D 124 vers Obenheim, traverser l'Ill, après la croix sur la droite suivre le chemin pour la chapelle St-Materne (source). Reprendre la D 124, la première route à droite conduit à

km 35 Herbsheim *Eglise de 1762 (clocher ancien, Vierge du XIVe s., peintures), pressoir à huile (1736), vieilles maisons, centre de loisirs* ➤ Au bout du village, traverser à droite pour prendre la D 782 vers

km 37 Rossfeld *Eglise de 1844, vieux lavoirs, moulin de 1767, maisons à pans de bois* ➤ Tout droit, la D 82 mène à

km 43 Witternheim *Vieilles fermes, tilleul remarquable, tumulus* ➤ Par la D 203 qui passe devant l'église, en prenant à droite dans le bois, se diriger vers

km 49 Semersheim *Maisons avec loggia en pignon, chœur (peintures) de l'église de 1831, presbytère de 1780, promenades en barque sur l'Ill* ➤ Retour à

km 50 Kogenheim

Le grand Ried central

Faute de grands monuments, le Ried autour de Sélestat, immense biotope original, reste très à l'écart des flux touristiques automobiles. La flore, l'eau et l'habitat s'y mêlent en un paysage au charme sauvage. Le circuit, long mais facile, part à la découverte d'une nature préservée et de villages peu connus.

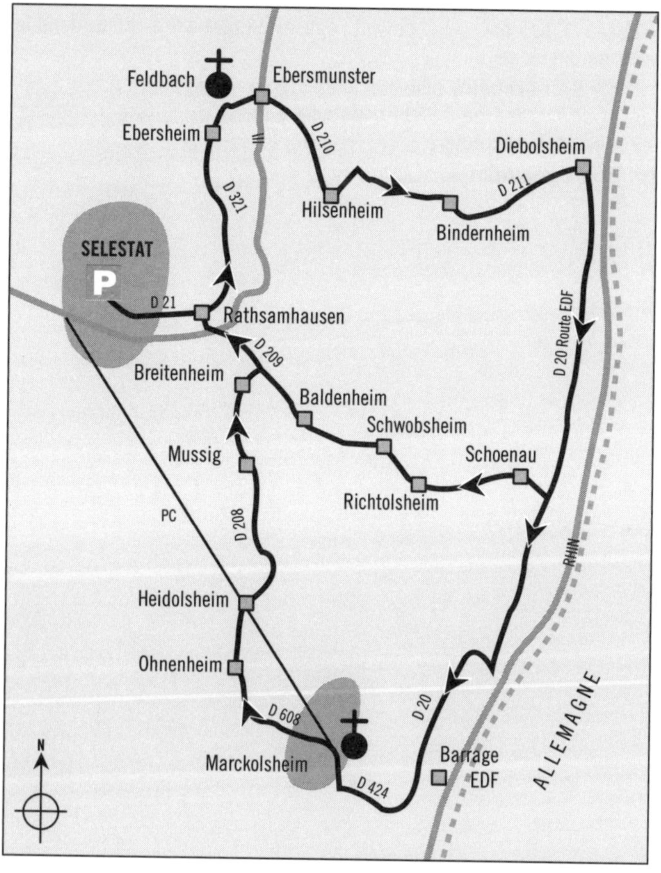

Accès Sélestat est situé à 50 km de Strasbourg (RN 83) et à 16 km de Colmar

Parking Gare SNCF de Sélestat

Parcours 65 km (option par Schoenau 50 km), facile, mais demandant un minimum d'endurance

A savoir Villé (par Sélestat) est relié à Marckolsheim par une piste cyclable ; ferme-auberge Ackenheim, 4 rue du Wyhl, Tél. 03 88 74 92 60

Informations Office de tourisme de Sélestat, Tél. 03 88 58 87 20

➤ **Sélestat** *Bibliothèque humaniste, FRAC, médiathèque, musée du Pain, vieux quartiers du Port et des Tanneurs, églises remarquables, réserve naturelle de la forêt de l'Ill (observatoires)* ➤ Depuis la place de la gare, prendre en face : place de Gaulle, place de la République, à gauche le boulevard Foch puis le boulevard Leclerc, le boulevard Charlemagne à gauche ; puis à droite le boulevard de Nancy (D 21) qui mène à

km 4 Rathsamhausen *Belles maisons typiques* ➤ Prendre à gauche la D 321 pour rejoindre

km 10 Ebersheim *Eglise avec clocher à bulbe (XVIIIe s.), vieilles maisons et presbytère (XVIIIe s.)* ➤ La première rue à droite après l'église passe par la minoterie, ensuite la D 210 (à droite) mène à

km 12 Ebersmunster *Abbatiale baroque (XVIIIe s.) de style autrichien du Voralsberg, anciens bâtiments monastiques, vieilles maisons, promenades en barque sur l'Ill* ➤ Toujours sur la D 210

km 17 Hilsenheim *Maisons à pans de bois (XVIIIe/XIXe s.), grange dîmière* ➤ Passer devant l'église (XIXe s.) pour prendre la D 211 vers

km 21 Bindernheim *Eglise (XIXe s. avec baptistère de 1622), fermes à colombage* ➤ Traverser le village, la même D 211 conduit à

km 26 Diebolsheim *Village très fleuri, église ancienne, domaine de chasse, maisons à pans de bois, ligne Maginot* ➤ Continuer vers le barrage de Rhinau, prendre la première à droite (D 20). Cette route EDF est aussi celle des arbres géants, des lianes et des oiseaux (option courte du circuit par Schoenau, voir ci-après la « variante »). Au barrage EDF de Marckolsheim, prendre la D 424 à droite pour

km 46 Marckolsheim *Eglise de 1965 (fonts du XIe s. et vierge du XVe s.), chapelle Mauchenheim (XIIe/XIVe s.), musée, mémorial de la* *ligne Maginot du Rhin, maisons anciennes et ancien fossé des remparts* ➤ La première à droite après l'église conduit (D 608) à

km 50 Ohnenheim *Vieilles maisons, croix de chemin, tumulus* ➤ La troisième route à droite dans le village conduit par le château d'eau (D 208) à

km 52 Heidolsheim *Eglise (XIXe s.), maisons typiques du Ried, vestiges de voie romaine (à l'est)* ➤ La première route à gauche après l'église (D 208) se dirige vers Mussig en empruntant à gauche une portion de la D 205 vers Sélestat. A la croix, reprendre à droite pour

km 57 Mussig *Village ancien (tumulus à l'ouest), vieilles maisons, église (fonts baptismaux de 1617 à proximité)* ➤ Traverser le village pour emprunter la petite route allant vers le hameau de Breitenheim, puis plus loin la D 209 pour Rathsamhausen à gauche avant de rejoindre

km 65 Sélestat

Variante

km 34 Schoenau *Eglise (XIXe s.), motte médiévale, vieilles maisons, ligne Maginot* ➤ Prendre la D 209 à la sortie du village en direction de

km 38 Richtolsheim *Village en croix, vieilles fermes, paysage typique du grand Ried* ➤ Toujours par la D 209, traverser le canal du Rhône au Rhin avant d'atteindre

km 40 Schwobsheim *Eglise de 1845, maisons à colombage, ancienne voie romaine* ➤ La D 209 se dirige vers le petit bourg de

km 43 Baldenheim *Mairie à pans de bois, église protestante (clocher fortifié, nef romane, chœur gothique, pierres tombales et loge seigneuriale), vieilles fermes à colombage* ➤ La première à droite après l'église rejoint la D 209 qui, à gauche, conduit par Rathsamhausen à

km 50 Sélestat

Le ried de Marckolsheim

Le cœur de l'immense plaine d'Alsace – dont les clochers sont les phares – est l'un des terroirs les moins connus de la région. Cette promenade facile dans le Ried central avec sa végétation aux allures de jungle, mène à travers les champs de choux vers le Rhin et les casemates de la ligne Maginot.

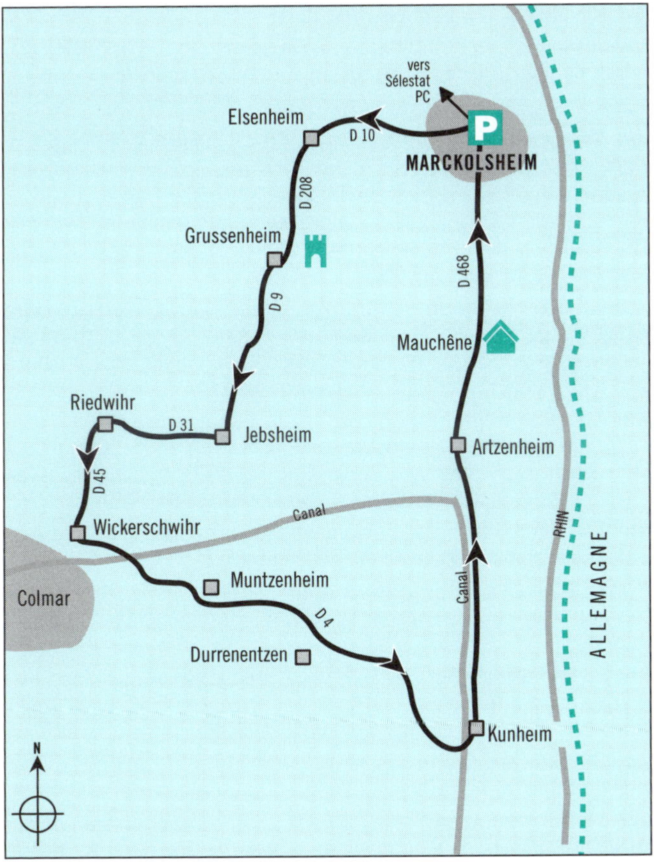

18 Le ried de Marckolsheim

Accès Marckolsheim est situé à 15 km de Sélestat, piste cyclable balisé (15 km) D 159/D 424 depuis le boulevard Vauban à Sélestat (le long de l'Ill près des remparts) jusqu'à Marckolsheim-est,

Parking Sélestat (boulevard Vauban), Marckolsheim (mémorial-musée)

Parcours 31 km (61 km à partir de Sélestat)

A savoir Auberge Hueb à Marckolsheim, Tél. 03 88 92 53 76 ; piste cyclable de Kuenheim à Neuf-Brisach

Information Office de tourisme de Sélestat, Tél. 03 88 58 87 20 ; Office de tourisme de Marckolsheim, Tél. 03 88 92 56 98

➤ **Sélestat** *Bibliothèque humaniste, FRAC, médiathèque, musée du Pain, vieux quartiers du Port et des Tanneurs, églises remarquables, réserve naturelle de la forêt de l'Ill (observatoires)* ➤ Depuis le parking du boulevard Vauban (près de la piscine et des remparts), traverser l'Ill. Prendre la direction de Marckolsheim (D 159) et la piste cyclable jusqu'au mémorial-musée pour

km 15 Marckolsheim *Centre-ville reconstruit dans le style local, église de 1965, chapelle de Mauchenheim (XIIIe s.), ancien fossé des remparts* ➤ Du parking du musée Maginot, se diriger vers le centre-ville à gauche. Prendre la D 10 tout droit jusqu'à

km 18 Elsenheim *Vieux moulin, fonts baptismaux (XVIIe s.) dans l'église* ➤ A gauche, la première route après l'église (D 208) conduit vers Jebsheim. Rentrer dans le Haut-Rhin par la D 9 qui longe Grussenheim (*château du XVIIIe s., église baroque, char 1944-1945*) jusqu'à

km 24 Jebsheim *Eglise romano-gothique (fresques, pierres tombales)* ➤ Près de la sortie du village prendre la D 3 I vers

km 26 Riedwihr *Eglise (XIXe s.), culture du chou* ➤ Tourner à gauche dans ce village pour s'engager sur la D 45 puis couper la D 112 pour rejoindre

km 28 Wickerschwihr *Eglise (XIXe s.), production de chou, ancienne voie romaine* ➤ Reprendre la D 111 vers Artzenheim. A 1 km à droite, traverser le canal de Colmar (D 4) pour rejoindre

km 31 Muntzenheim *Vieille église mixte (nef romane, chœur gothique fortifié)* ➤ Traverser le village pour se rendre par la D 4 à

km 34 Durrenentzen *Eglise mixte de 1848 (clocher roman), petites maisons typiques du Ried (galeries, porche)* ➤ Toujours par la D 4, s'engager dans le bois de la Hardt, puis traverser le canal pour rejoindre le village en échelle de

km 36 Kunheim *Mémorial de l'ancien village (rue du Nord), fermes partagées en deux (sens de la longueur, logements pour deux familles), halte nautique sur le canal, église mixte (1958, vitraux et fresques remarquables), ligne Maginot* ➤ La rue principale (D 468) mène à

km 40 Artzenheim *Ligne Maginot, église de 1851, parc Eldorado, vieux moulin sur l'Ichert* ➤ Prendre la sortie nord de la D 468 qui rejoint

km 46 Marckolsheim ➤ Poursuivre vers Sélestat par la piste cyclable menant par Heidolsheim (*église XIXe s., vieilles maisons, voie romaine, tumulus, aire de pique-nique près de la chapelle Schnellenbuhl*). 500 m avant la forêt (réserve naturelle avec observatoire), continuer par la piste cyclable jusqu'à

km 61 Sélestat

Le vignoble entre Fecht et Lauch

Au sud de Colmar, le vignoble s'étale au pied des Vosges. Par monts et par vaux cette balade plutôt sportive mène à travers les aimables cités à colombage. Pour se reposer entre deux montées, des sentiers viticoles et botaniques invitent à mieux connaître les richesses naturelles au cœur d'un microclimat étonnant. Mieux vaut prévoir toute une journée pour ce circuit.

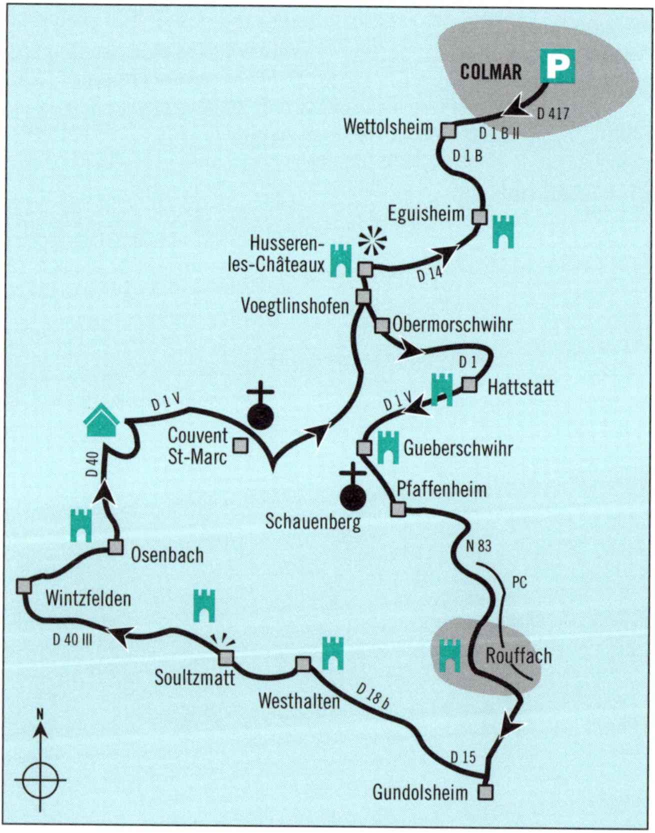

Accès Colmar est situé à 66 km de Strasbourg et à 40 km de Mulhouse

Parking Gare SNCF de Colmar (parcs à vélo gardés au centre-ville)

Parcours 55 km, exigeant (vallonné)

A savoir Gueberschwihr : circuits de la bicyclette gourmande, Tél. 03 89 49 28 67 ; vallée de Munster : circuit balisé de 16 km

Informations Office de tourisme de Colmar, Tél. 03 89 20 68 95

➤ **Colmar** *Musées Unterlinden, Bartholdi, du Jouet et de l'Energie ; Collégiale, Petite Venise, quartier des Tanneurs, Ancienne Douane, cloître de la bibliothèque municipale, maison Pfister, châteaux Kiener, Centre d'art contemporain, Jardin François-Xavier, maison du Bourreau, quartier St-Joseph (1900)* ➤ Depuis la place de la gare, emprunter le passage sous les voies et quais. Sortir rue du Tir et longer les voies (à gauche) rue de la Légion Etrangère. Après l'église Ste-Marie, prendre la rue Wimpfeling puis la route de Wintzenheim à gauche (D 417) qui conduit ensuite tout droit par la D 1 B II à

km 4 Wettolsheim *Eglise de 1782 (mobilier baroque et orgues de 1790), maisons (XVIe/XVIIe s.), grotte de Lourdes, collection archéologique (mairie)* ➤ La D 1 B à la sortie du village conduit à

km 7 Eguisheim *Village circulaire, maisons (XVIe/XVIIe s.), cours dîmières, église de 1807 (portail de 1235), ancien château octogonal (XIIIe/XVe s.), chapelle St-Léon* ➤ Près de l'église, emprunter la D 14 pour monter à

km 10 Husseren-les-Châteaux *(alt. 390 m) Panorama, église avec fonts baptismaux (XIIe s.), belles maisons de vignerons* ➤ Au bout de ce village-rue, la D 1 descend en contournant Voegtlinshofen (beau mobilier XVIIIe s. dans l'église) et Marsbach (vestiges romans et jardin médiéval) vers

km 12 Obermorschwihr *Eglise fortifiée de 1718 (avec clocher-porche à pans de bois XIIIe s., chaire du XVIe s.), maisons de vignerons* ➤ La D 1, puis à droite la D 1 bis mènent à

km 14 Hattstatt *Ancien village fortifié, église (nef romane et chœur gothique, statues médiévales), hôtel de ville Renaissance et maisons anciennes* ➤ Par la D 1 V, continuer jusqu'à

km 16 Gueberschwihr *Clocher roman avec fresques, maisons Renaissance, château, pont de 1538, le Petit Montmartre, falaises (école d'escalade)* ➤ La D 1 rejoint

19 Le vignoble entre Fecht et Lauch

km 18 Pfaffenheim *Maisons Renaissance, église (chœur du XIIIe s.), chapelle de Schauenberg (XVIIe s.), ex-voto, chemin de croix, panorama, sentier viticole* ➤ Prendre la route parallèle à la N 83 (deuxième à gauche après l'église) pour arriver à

km 21 Rouffach *Vieilles maisons, églises, musée historique, tours et remparts* ➤ Sortir par la gare SNCF (vers Oberhergheim) et prendre de suite à droite après la N 83 pour se rendre à

km 24 Gundolsheim *Village anciennement fortifié, église de 1834 (clocher roman et nef du XVIIIe s.), maisons Renaissance* ➤ A droite la D 15 rejoint (après avoir traversé la N 83 et emprunté la D 18 b)

km 27 Westhalten *Village perché (vallée noble), vieilles maisons, ancienne prison, vieux puits et fontaines, sentier viticole (microclimat avec cigales)* ➤ Poursuivre jusqu'à

km 29 Soultzmatt *Village viticole et thermal, église en partie romane, château (XVe s.), sentier viticole (microclimat), chapelle Schaefferthal, cimetière roumain* ➤ Tout droit (D 40 III), on arrive à

km 32 Wintzfelden *Village de clairière, église (clocher roman, chœur gothique), lapidarium (Schwarzenthann XIe s.)* ➤ La D 40 à l'entrée du village mène à

km 34 Osenbach *Village forestier, église (clocher roman et ancien chœur – sacristie –), Confrérie et Fête de l'escargot, fontaines et calvaires* ➤ La D 40 (par Osenbuhr) puis plus loin à droite la D 1 V mènent à

km 39 Saint-Marc *(lieu-dit) Couvent (monastère fondé en 676, portail de 1762)* ➤ La D 1 contourne Gueberschwihr pour rejoindre

km 43 Voegtlinshofen *Muscat célèbre, vignoble modèle, Rabseppele-statue* ➤ Retour par Husseren, Eguisheim, Wettolsheim et la D 1 b II

km 55 Colmar

Autour de Neuf-Brisach

Située à l'épicentre de la zone de sécheresse, cette riche plaine peu fréquentée est remarquable par ses pelouses sèches et ses arbres chétifs identiques à ceux des garrigues languedociennes. Pour se mettre en jambe avant ce circuit facile, le tour des vieux remparts de Neuf-Brisach est recommandé. Et pour les amateurs d'art militaire, voilà une agréable manière d'apprécier le génie de Vauban, le fameux architecte de Louis XIV.

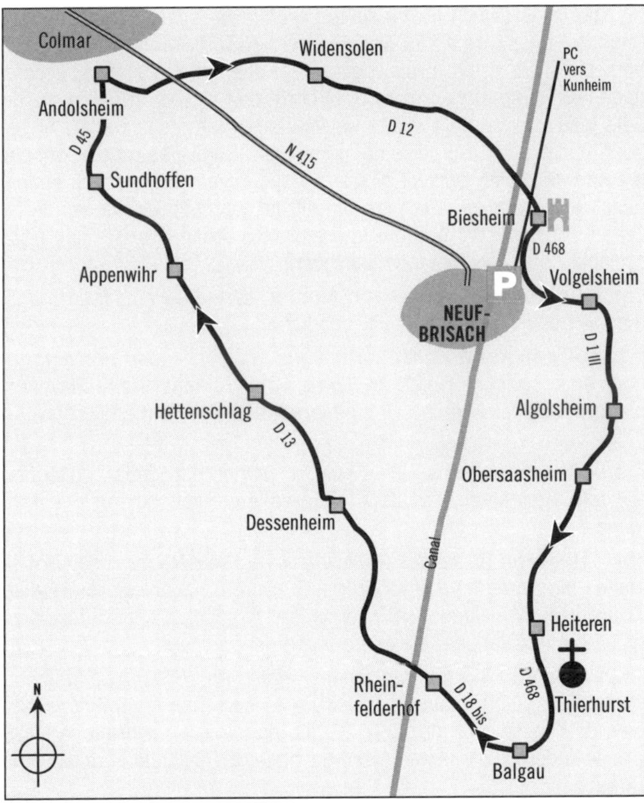

20 Autour de Neuf-Brisach

Accès Neuf-Brisach est situé à 15 km de Colmar et à 32 km de Sélestat

Parking Place-de-la-porte-de-Bâle

Parcours 43 km, facile (plat)

A savoir Piste cyclable Biesheim-Neuf-Brisach, piste cyclable Colmar-Neuf-Brisach par Sundhoffen, circuit VTT/VTC de 48 km

Informations Office de tourisme de Neuf-Brisach, Tél. 03 89 72 56 66

➤ **Neuf-Brisach** *Place forte : troisième système de Vauban (musée), église de 1736 (retable de 1763), hôtel de ville (1701), anciennes casernes, roue scénique et chemin des Etoiles, promenade des Remparts* ➤ Rejoindre la porte de Strasbourg par la rue de Bâle puis, deuxième à droite sur la place d'Armes la rue de Strasbourg qui conduit à la porte du même nom. Sortir par cette porte, par la route de droite, puis se diriger à gauche vers Volgelsheim en longeant la voie ferrée et la gare où ont été tournées les scènes de *La Grande Illusion*, puis prendre la première à droite (il existe une piste cyclable Porte de Colmar/Volgelsheim)

km 1 Volgesheim *Ancien fort Mortier, ligne Maginot, train touristique* ➤ Depuis l'église la D 1 III conduit à

km 3 Algolsheim *Eglise catholique (1765), église protestante néo-renaissance (1662), ancienne voie romaine, ligne Maginot, place dédiée à un jeune Quaker britannique* ➤ La même route se dirige vers

km 5 Obersaasheim *Eglise (XIXe s., autels baroques), collection agricole, ligne Maginot* ➤ La D 1 III (première à gauche après l'église) mène à

km 7 Heiteren *Anciennes fortifications, église néo-classique (1840), ancien moulin (à l'est)* ➤ La première route à gauche après l'église (D 468) rejoint Balgau. A mi-chemin, sur la gauche, petit détour possible pour le pèlerinage de Notre-Dame de Thierhurst

km 11 Balgau *Maisons anciennes, église de 1861, ligne Maginot, vestiges de voie romaine (à l'ouest)* ➤ Au carrefour central du village près de l'église, prendre la D 18 bis, puis à 1 km à droite la D 13 (possible détour par le hameau mennonite de Rheinfelderhof plus loin à gauche)

km 19 Dessenheim *Eglise dite « Cathédrale de la Hardt » (1874), zone de sécheresse visible (forêt chétive), fermes anciennes* ➤ Toujours par la D 13, traverser le canal Vauban pour se rendre à

km 23 Hettenschlag *Eglise (XIXe s.), vieilles maisons* ➤ La D 13 conduit ensuite à

km 26 Appenwihr *Eglise protestante (clocher roman et custode gothique), maisons à pans de bois, tumulus* ➤ Tout droit, la D 13 rejoint sur l'Ill

km 29 Sundhoffen *Porches des fermes imposants, églises protestante et catholique (XIXe s.)* ➤ Sans tourner, voici la D 45 qui rejoint

km 31 Andolsheim *Belles maisons paysannes (XVIIIe/XIXe s.), église protestante (chœur gothique et nef baroque)* ➤ Par la D 45 vers Neuf-Brisach, couper la N 415. En face, à 200 m, plus loin à gauche en direction de Neuf-Brisach, prendre la D 12 qui conduit par la forêt à

km 36 Widensolen *Eglise de 1867 (mobilier baroque), vieilles maisons* ➤ La même route (D 12) rejoint

km 40 Biesheim *Eglise moderne (1950), monument aux morts original, manoir (XVIIIe s.), musées (Capitole), promenades en barque* ➤ La D 468 (ou la D 29 plus calme) conduit à

km 43 Neuf-Brisach

Autour du canal Vauban

Si le vieux canal qui transporta naguère les pierres en grès des Vosges pour bâtir la ville forte de Neuf-Brisach vaut le détour, les belles cités historiques de Rouffach et de Sainte-Croix-en-Plaine disposent également d'un riche patrimoine. Ce circuit facile en plaine d'Alsace conduit à Dessenheim, où l'on découvrira la « Cathédrale » de la Hardt, église exceptionnelle méconnue de nombreux Alsaciens.

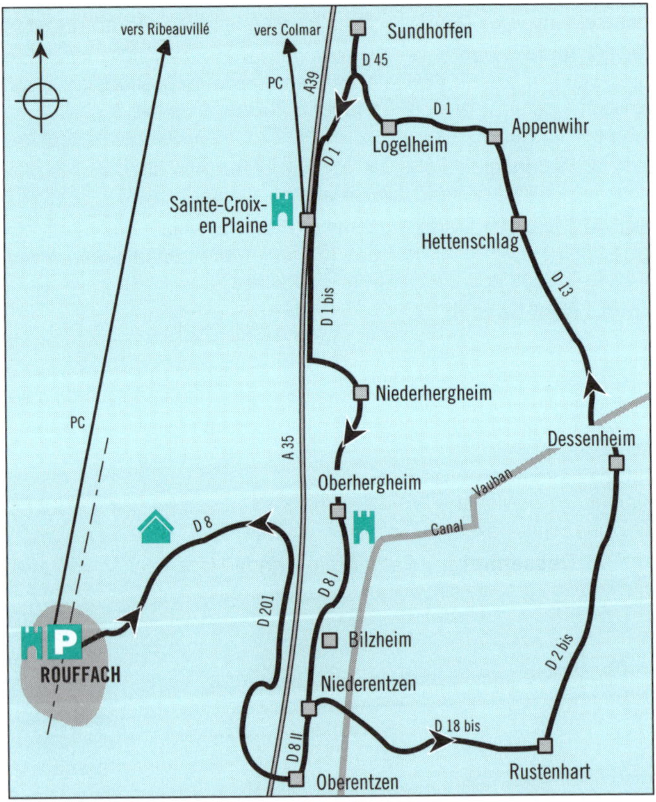

Accès Rouffach est situé à 15 km au sud de Colmar, piste cyclable depuis Colmar par Herrlisheim ; autre piste cyclable depuis Colmar jusqu'à Sainte-Croix-en-Plaine, puis enchaînement à Niederhergheim

Parking Gare SNCF de Rouffach

Parcours 56 km, facile (plat)

A savoir Il existe un itinéraire cyclable de Rouffach à Meyenheim

Informations Office de tourisme de Rouffach, Tél. 03 89 78 53 15 ou 03 89 49 61 81

➤ **Rouffach** *Vieux quartiers remarquables, église romane gothique (XIIIe/XIXe s.), halle aux blés (XVIe s.), église des Franciscains (XVe s., chaire extérieure), château d'Isenburg, musée historique, fontaines, tour des Sorcières, jardin du lycée agricole* ➤ Depuis la gare SNCF, prendre la D 8 (de l'autre côté de la voie ferrée) par la forêt puis longer à droite (D 201) l'A 35 jusqu'à

km 7 Oberentzen *Eglise de 1740 (beau mobilier et orgues Rabiny-Callinet de 1787), vieilles maisons, ancien presbytère de 1718, puits* ➤ Traverser le village et rejoindre (D 8 II)

km 8 Niederentzen *Eglise de 1719 (chœur gothique et mobilier XVIIIe s.), maisons (XVIe/XVIIe s.)* ➤ A la sortie du village, prendre la première route à droite (D 18 bis) qui rejoint

km 14 Rustenhart *Eglise (XIXe s. avec clocher de 1710)* ➤ 3 km à l'est (première à droite sur la D 18 bis), détour possible par le hameau anabaptiste de Rheinfelderhof qui fut une grange cistercienne. A Rustenhart, la première route à gauche après l'église (D 2 bis) conduit à

km 18 Dessenheim *« Cathédrale » de la Hardt (1874), fermes anciennes, zone de microclimat (pelouses sèches et sylve chétive)* ➤ Traverser le village pour prendre, en coupant le canal Vauban, la D 13 vers

km 24 Hettenschlag *Eglise (beau mobilier et monument Monseigneur Herscher)* ➤ La même route conduit à

km 27 Appenwihr *Eglise protestante (clocher roman et custode gothique), maisons à pans de bois, tombes britanniques au cimetière communal* ➤ Par la D 1 (première à gauche), on rejoint

21 Autour du canal Vauban

km 29 Logelheim *Eglise (XIXe s., clocher ancien), fermes imposantes avec vieux pigeonniers, calvaires, vieux puits* ➤ La route située à droite de l'église conduit (D 1/D 45) à

km 32 Sundhoffen *Eglises catholique et protestante (XIXe s.), fermes aux porches imposants* ➤ Par la première route à gauche après l'église (D 45/D 1) on arrive à

km 36 Sainte-Croix-en-Plaine *Ancien bourg fortifié (XIIIe s.), maisons Renaissance, hôtel de ville (XVIIe s.), puits, église au clocher gothique et chœur polygonal de 1551, chapelle Notre-Dame (gothique, avec autel baroque et nef de 1830)* ➤ A la sortie du bourg, la D 1 puis la D 1 bis (à l'échangeur avec l'A 35) mènent à

km 40 Niederhergheim *Village circulaire près de l'Ill, église néo-romane, maisons paysannes* ➤ La première route à gauche après l'église, puis à droite (D 8 I), mène à

km 43 Oberhergheim *Eglise de 1844 avec custode gothique, maisons anciennes, stèle géodésique (premier Empire)* ➤ A la sortie du village (D 8 I) prendre vers

km 44 Bilzheim *Eglise du XVIIIe s. (style baroque, beau mobilier), oratoires, fermes (XVIIe s.)* ➤ Continuer jusqu'à Oberentzen. Après l'église, se diriger à droite vers Rouffach, couper l'A 35 toujours à droite (D 201) après le silo (croix de chemin), puis prendre à gauche la D 18 bis (ou comme à l'aller la D 8) jusqu'à

km 56 Rouffach

Le pays de la Hardt-Nord

A mi-chemin entre Colmar et Mulhouse, la jolie cité de Rouffach marque le point de départ d'une longue – et parfois éprouvante – balade à la limite du bassin potassique. Des étonnants musées de Fessenheim aux fermes massives du Ried, en passant par les remparts d'Ensisheim, ce circuit part à la découverte d'une partie de l'Alsace à l'écart des circuits touristiques traditionnels.

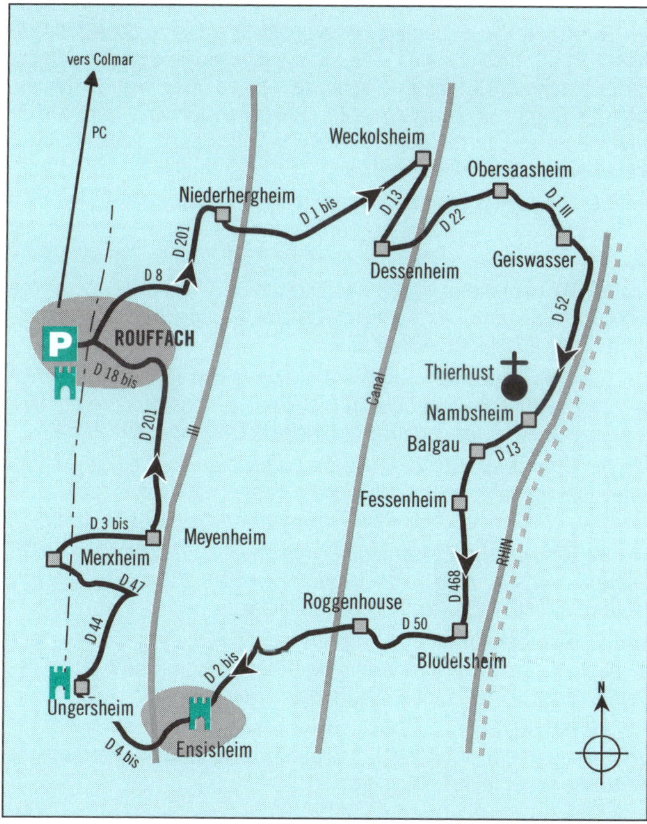

22 Le pays de la Hardt-Nord

Accès Rouffach est situé à 15 km de Colmar (N 83 ou piste cyclable) et à 28 km de Mulhouse

Parking Gare SNCF de Rouffach

Parcours 81 km, exige de l'endurance (plat)

A savoir Il existe un itinéraire cyclable Rouffach-Ribeauvillé

Informations Office de tourisme de Rouffach, Tél. 03 89 78 53 15 ou 03 89 49 61 81

➤ **Rouffach** *Vieux quartiers remarquables, église romane-gothique (XIIIe/XIXe s.), halle aux blés (XVIe s.), église des Franciscains (XVe s., chaire extérieure), château d'Isenburg, musée historique, fontaines, tour des Sorcières, jardin du lycée agricole* ➤ Depuis la gare SNCF, traverser la voie ferrée pour rejoindre la D 8. Passer sous l'A 35 et prendre à droite la D 201 jusqu'à

km 10 Niederhergheim *Village circulaire près de l'Ill, église néo-romane, maisons paysannes* ➤ Par la route D 1 bis qui longe le canal Vauban, rejoindre

km 19 Weckolsheim *Eglise néobaroque de 1843 avec chemin de croix, croix de carrefour, faune du canal* ➤ A l'entrée du village, tourner à droite (D 2) pour se rendre à

km 22 Dessenheim *« Cathédrale » de la Hardt (1874), fermes anciennes, zone de microclimat (pelouses sèches et sylve chétive)* ➤ A l'entrée du village, prendre à gauche la D 22 pour parvenir à

km 28 **Obersaasheim** *Belles fermes à pans de bois, église (XIXe s., autels baroques), bunkers allemands, conservatoire de machinisme agricole, calvaires et chapelle* ➤ Traverser le village (D 1 III) jusqu'à

km 32 Geiswasser *Eglise néobaroque, banc de l'Impératrice, belles fermes, bords du Rhin (forêt luxuriante)* ➤ Prendre après l'église la route du Rhin (D 52) à droite pour se rendre à

km 37 Nambsheim *Ancien domaine seigneurial, église (XIXe s. avec partie inférieure ancienne), bancs de l'impératrice, moulin, étang des Sept Chênes* ➤ Traverser le village pour rejoindre par la D 13

km 39 Balgau *Eglise de 1861, maisons anciennes, chapelle (1834), grange du Pêcheur (XVIe s.), calvaires, vieux puits* ➤ Par la route (D 468) à la sortie sud, rejoindre

km 41 Fessenheim *Eglise baroque (1774), vieilles maisons, plusieurs musées (Nucléaire, Hydraulique, Pompiers, Schoelcher, Funéraire, vieille forge), écluses* ➤ La même D 468 se dirige vers

km 44 Blodelsheim *Eglise de 1731 (avec orgues Silbermann), fermes en galets du Rhin, maison à pans de bois de l'ancien hôpital (XVIIe s.), vieux calvaires* ➤ La route (D 50) à droite traverse la forêt pour rejoindre

km 49 Roggenhouse *Eglise de 1704 (statues polychromes), canal du Rhône au Rhin, école-type de 1840 avec logement, oratoire St-Antoine* ➤ La D 50, puis la D 2 bis à gauche, conduisent après la traversée de l'autoroute à

km 57 Ensisheim *Promenade des remparts, musées historique et du Mineur, Palais de la Régence autrichienne de 1540, mémorial (rue de la Monnaie), belles maisons Renaissance, ancienne église des Jésuites (façade) du XVIIe s.* ➤ Traverser le bourg, puis la D 20, pour rejoindre (D 4 bis)

km 60 Ungersheim *Eglise de 1749 (clocher fortifié), poste originale, maisons peintes, écomusée avec jardins, chapelle, cimetière et vieux métiers* ➤ Au carrefour central du village, prendre à droite la D 44, puis la D 47 à gauche jusqu'à

km 68 Merxheim *Clocher-porche roman (XIIe s.) sur l'église baroque de 1772* ➤ La première route à droite (D 3 bis) conduit à

km 73 Meyenheim *Eglise (XVIIIe s. avec clocher roman), vieilles fermes, puits et bildstock, presbytère de 1772 (beau porche), vignes sur la motte castrale* ➤ Par la D 201 le long de l'A 35, puis à gauche par la D 18 bis, rejoindre

km 81 Rouffach

Entre la Thur et la Doller

La superbe route Joffre porte son nom en hommage au célèbre maréchal pyrénéen. Aujourd'hui, elle est devenue une voie pacifique au grand bonheur des amis de la petite reine. De Masevaux, la piste cyclable, l'une des plus anciennes d'Alsace, mène à travers des paysages somptueux vers la tourbière de Sewen et le lac d'Alfeld. Le reste du parcours est plutôt sportif, il est conseillé de s'entraîner avant de se lancer.

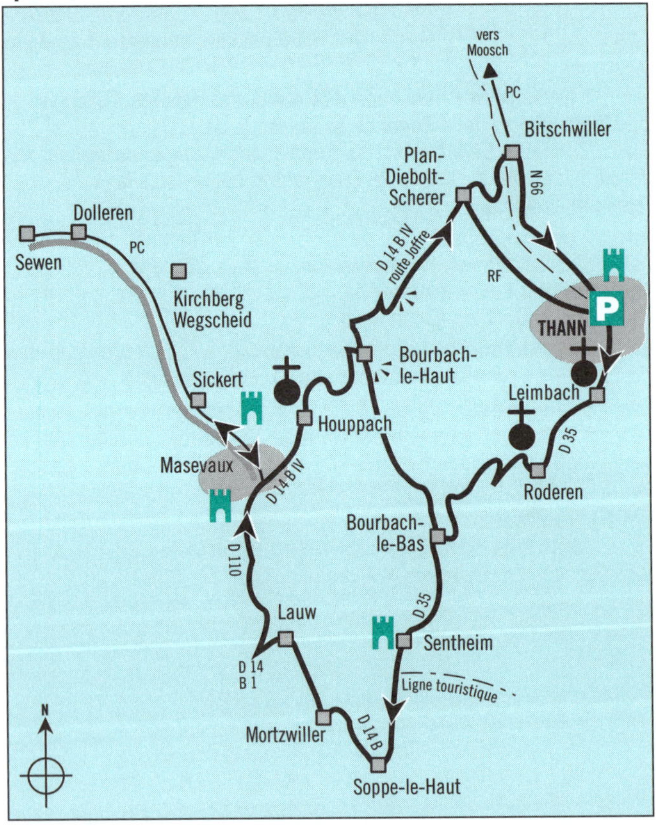

Accès Thann est situé à 22 km de Mulhouse (A 36 - N 66)
Parking Gare SNCF de Thann
Parcours 50 km, montagneux (pour cycliste sportif)
A savoir Thann est relié par un itinéraire cyclable à Pulversheim
Informations Office de tourisme de Thann, Tél. 03 89 37 96 20

➤ **Thann** *Collégiale (XIVe s.), remparts, fontaines Renaissance, vieilles maisons remarquables, vignoble perché, château de Marsilly (1620), cabane des Bangardes (exposition), musée de la Route du vin* ➤ Traverser la voie ferrée et prendre la D 35 direction Cernay qui traverse Vieux-Thann (église remarquable). Passer devant la station SNCF pour se rendre au sud (D 36) vers le village de

km 3 Leimbach *Centre viticole, église néomédiévale (fresques), ruines de la vieille église romane* ➤ Retourner sur la D 36 pour tourner à droite (D 35) en direction de

km 5 Roderen *Ancienne mairie, église néo-gothique de 1861, ossuaire de 1512 au cimetière, chapelle Am Rain* ➤ En face de l'église, la D 35 conduit en direction de

km 8 Bourbach-le-Bas *Village-rue, église de 1772, vieille chapelle, sentier botanique* ➤ La même D 35 se dirige ensuite vers l'entrée est (portion D 466) de

km 10 Sentheim *Eglise (1779), maison de la Géologie avec sentier éducatif, ancien château (1864), dépôt ferroviaire avec matériel ancien (train touristique), chemin de croix* ➤ La route (deuxième à droite) rejoint le village de

km 12 Soppe-le-Haut *Eglise de 1768 (chœur XIXe s.), vieilles maisons alignées en village-rue* ➤ A droite, la D 14 b conduit à

km 14 Mortzwiller *Village-rue avec belles fontaines* ➤ La D 14 b I mène au pied des Vosges à

km 16 Lauw *Entrée de la Vallée de la Doller, église néo-classique (XIXe s.), Lac bleu, caverne des Loups* ➤ Traverser le village et suivre la D 14 b I vers Rougemont (sur 2 km), puis tourner à droite (D 110) pour rejoindre

km 19 Masevaux *Eglise (XVIIIe/XIXe s.), maisons canoniales (XVIIIe s.), hôtel de ville (XVIIIe s.), ancien chœur de l'abbatiale, rem-*

parts ➤ Prendre la piste cyclable à la sortie nord-ouest (à droite de la D 466 qui se dirige vers Sewen) jusqu'à

km 21 Sickert *Chapelle Kirchberg (statue de 1716)* ➤ Toujours par la piste cyclable, on arrive par Wegscheid à

km 24 Kirchberg *Vierge géante par Bourdelle, église (1844, avec clocher gothique), ancien cimetière fortifié* ➤ La piste cyclable conduit ensuite à

km 26 Dolleren *Source de la Doller, vieilles fermes* ➤ Enfin, la piste cyclable permet d'arriver à

km 28 Sewen *Eglise (clocher du XIIIe s., nef gothique), maisons (XVIIIe s.), chapelle-ossuaire (XVe s.) au cimetière, flore rare des lacs d'Alfeld et de Sewen (tourbières), cascades (Seebach)* ➤ Retour à Masevaux par la piste cyclable. Prendre la D 14 B IV (route Joffre) par l'hôpital et le chemin de croix vers

km 39 Houppach *Fontaine sculptée (XIVe s.), pèlerinage de la chapelle Ste-Croix* ➤ Toujours par la route Joffre, on arrive à

km 42 Bourbach-le-Haut *Eglise de 1822, chapelle Klein-Einsiedeln* ➤ Continuer par le col du Hundsruecken (alt. 748 m)

km 48 Bitschwiller-les-Thann *Eglise (XIXe s.)* ➤ Option : au Plan Diebolt-Scherer, suivre la route forestière du Steinby (arbres remarquables du Floridor) jusqu'à

km 50 Thann

La grande forêt de la Hardt

L'immense poumon vert de la métropole mulhousienne permet d'accéder à un beau terroir enclavé le long du Rhin qui réserve bien des surprises à ses visiteurs. Ce parcours, long mais facile, part à la découverte d'un vieux quartier oublié de Rixheim et de villas souvent originales sur les collines de Riedisheim et du Rebberg. Les amateurs de nature apprécieront les portions du circuit qui traversent les villages près du Rhin proche.

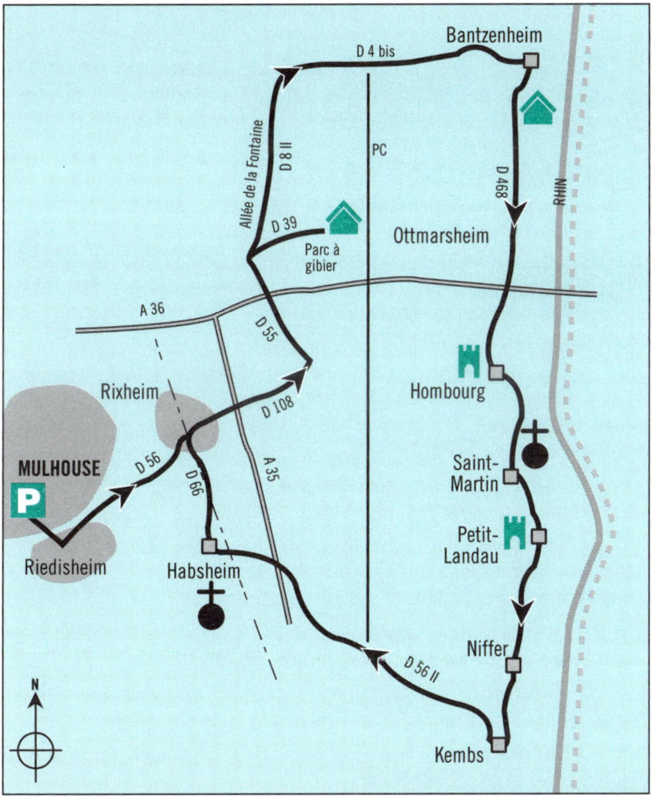

24 La grande forêt de la Hardt

Accès Depuis la sortie sud de la gare de Mulhouse (côté zoo)

Parking Devant la gare SNCF de Mulhouse

Parcours 56 km, très vallonné au départ et à la fin du circuit

A savoir Restaurant Les Ecluses, 8 rue de Rosenau, Kembs, Tél. 03 89 48 37 77 ; à Kembs, il existe trois circuits vélo (blanc, vert, jaune)

Informations Office de tourisme de Mulhouse, Tél. 03 89 35 48 48 ; Office de tourisme d'Ottmarsheim, Tél. 03 89 26 00 26

➤ **Mulhouse** *Musées de l'Automobile, de l'Impression sur étoffes, du Chemin de fer ; hôtel de ville (1552), première cité ouvrière d'Europe (1854), temple St-Etienne (vitraux), chapelle St-Jean, églises néo-baroques St-Fridolin et St-Martin, quartier Charles X (bourse), tribunaux wilhelmiens, coulée verte, zoo et parc* ➤ Depuis la sortie sud de la gare, emprunter le boulevard Wallach à gauche, traverser le Rebberg (forte montée). A droite, le boulevard Gambetta, à gauche la rue du Jardin zoologique, puis à droite la rue de Zimmersheim (D 56), longer la forêt. Plus loin à droite, par le Buchwald et le centre-école de conduite, une petite route descend sur

km 4 Rixheim *Eglise néo-classique (XVIIIe s., clocher gothique fortifié), maisons Renaissance, ancienne commanderie (1740), musée du Papier peint* ➤ Depuis la gare SNCF, prendre la D 108 vers Ottmarsheim puis, après le canal, la D 55. Après l'usine Peugeot, détour possible à droite (D 39) pour voir le parc animalier de la Grünhutte (cerfs du Japon). Revenir à l'échangeur pour prendre la D 8 II (direction de Munchhouse) sur 4 km, puis à droite la D 4 bis pour rejoindre

km 24 Bantzenheim *Eglise (XVIIIe s., vierge du XVe s.), stalles de l'abbaye d'Ottmarsheim (1700)* ➤ Au carrefour central du village, prendre à droite la D 468 (trajet cyclable) pour

km 28 Ottmarsheim *Eglise romane (XIe s.), maisons anciennes et usine hydro-électrique* ➤ La même route mène à

km 31 Hombourg *Eglise (XVIIIe s.), château néo-gothique (1902), ferme (château-fort) de 1930* ➤ Plus loin la D 468 conduit à

km 33 Saint-Martin *Chapelle et hameau* ➤ Continuer par la D 468 jusqu'au carrefour (chapelle) et

km 35 Petit-Landau *Butte médiévale (XIIe s.), église de 1753 (autels provenant de Landser, peinture de 1638)* ➤ La D 468 conduit plus loin à

km 37 Niffer *Ecluse par Le Corbusier (1961), église néo-classique (autels baroques et porte gothique)* ➤ La même route mène à

km 39 Kembs *Ancien relais de poste, pont à bascule (canal Monsieur), ligne Maginot, église (XIXe s.), usine hydro-électrique de 1932* ➤ Par la D 56 II, à l'entrée nord de Kembs et à gauche, traverser la forêt pour rejoindre, en coupant l'A 35

km 47 Habsheim *Eglise de 1794 (clocher gothique), hôtel de ville (1578), chapelle Notre-Dame-des-Champs (1493), aérodrome* ➤ Par la D 66, rejoindre Rixheim, puis Riedisheim : *parc à la française (Wallach) rue des Sapins (près de la forêt), villas de styles variés, églises de 1837 et 1957* (avenue de Riedisheim : piste cyclable)

km 56 Mulhouse-Gare

Mulhouse et ses environs

Cette longue balade mène à travers la campagne de l'ancienne « Manchester » française. On y découvre tant les villages du Bassin potassique – avec la maison du Mineur à Wittelsheim – que le charme bucolique des hauteurs de Rixheim. Les environs de Mulhouse réservent plus d'une surprise aux observateurs attentifs.

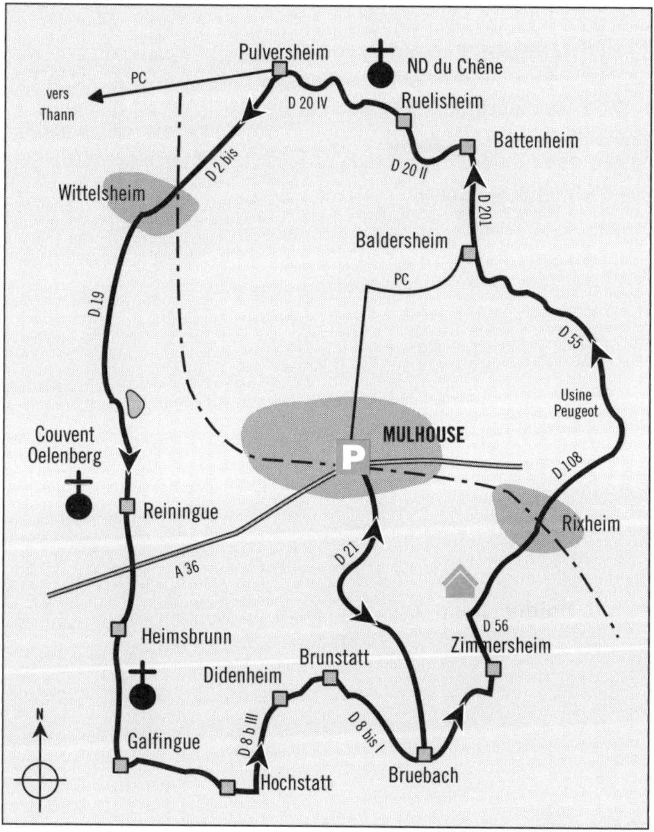

Accès Depuis la gare de Mulhouse, par Riedisheim ou par le zoo pour les sportifs

Parking Place de la gare SNCF

Parcours 65 km, vallonné

A savoir Il existe un itinéraire cyclable vers Baldersheim par Sausheim

Informations Office de tourisme de Mulhouse, Tél. 03 89 35 48 48

➤ **Mulhouse** *Musées de l'Automobile, de l'Impression sur étoffes, du Chemin de fer ; hôtel de ville (1552), première cité ouvrière d'Europe (1854), temple St-Etienne (vitraux), chapelle St-Jean, églises néo-baroques St-Fridolin et St-Martin, quartier Charles X (bourse), tribunaux wilhelmiens, coulée verte, zoo et parc* ➤ Prendre le pont d'Altkirch au-dessus des voies ferrées pour la direction du zoo par la rue de Bruebach, la rue de la DIC et la rue de la Pépinière (pylône Radio France) puis la D 21 par la forêt jusqu'à

km 6 Bruebach *Ancien village de vignerons (collines), maisons Renaissance, tour-chœur romans (cloche de 1418) sur l'église* ➤ La première route à gauche près du cimetière mène à

km 8 Zimmersheim *Eglise de 1782 (clocher XVe s.), maisons paysannes, belle vue* ➤ Au bout du village, prendre la D 56 vers Riedisheim ; 17 km plus loin à droite, une petite route conduit à

km 12 Rixheim *Vieux centre (maisons Renaissance), église (XVIIIe s. avec clocher gothique fortifié, autels baroques), ancienne commanderie (1740), musée du Papier peint* ➤ Se diriger vers la gare (cinquième rue à gauche) pour prendre la D 108 qui passe sous l'A 35. Voici la forêt. Après le canal, prendre la D 55 à droite qui longe l'usine Peugeot pour rejoindre

km 21 Baldersheim *Eglise (XVIIIe s.) et maisons à colombage* ➤ Prendre la D 201 ou la parallèle (première à droite depuis l'église) qui va rejoindre

km 23 Battenheim *Eglise (XVIIIe s., clocher de 1503, autels baroques et fresques), calvaire* ➤ A droite de l'église, prendre la D 20 II pour rejoindre

km 25 Ruelisheim *Eglise de 1783 (peintures, fresques, chemin de croix), vieilles maisons, pèlerinage Notre-Dame-du-Chêne (1704),* *monument roumain (1914-1918)* ➤ Près de l'église prendre la D 20 IV (cité Ste-Barbe : faux pans de bois) pour rejoindre

km 29 Pulversheim *(à 1 km au sud, D 429 : musée de Schoenensteinbach) Eglise de 1968, ancien château des Rosen* ➤ Prendre la D 101/D 2 bis vers Wittelsheim. Après l'échangeur en face de la cité Rossalmend, une route forestière (à gauche) conduit à

km 35 Wittelsheim *Façade de l'église St-Michel, fontaine du Berry, maison du Mineur de potasse* ➤ Après l'église, la seconde rue à gauche (D 19) conduit par la forêt et la base de loisirs (voile) à

km 42 Reiningue *Eglise de 1920 (reliquaire St-Romain), couvent d'Oelenberg à l'ouest (église XVe s. et vestiges romans)* ➤ Tout droit la D 19 se dirige vers

km 44 Heimsbrunn *Eglise de 1772 (mobilier gothique), maisons à pans de bois (XVIIe/XIXe s.), chapelle Ramehey* ➤ La D 19 mène à

km 46 Galfingue *Eglise (XVIe s., beau mobilier), maisons anciennes, pierres-bornes sur la place* ➤ La première route à gauche après l'église conduit par la forêt et l'étang à

km 51 Hochstatt *Mairie avec méridienne, église (1830), quelques maisons anciennes, vestiges romains* (lieu-dit : Burg) ➤ La route qui passe devant l'église rejoint la D 8 b III pour

km 53 Didenheim *Eglise de 1754, maisons anciennes (dont presbytère et résidence du Bailli)* ➤ Par la piste cyclable du canal (ou la D 8 b I), rejoindre l'agglomération de

km 55 Brunstatt *Eglise St-Georges (1872-1923), église Ste-Odile (1952), chapelle Burnerkritz, anciennes cavernes (Hermannlöcher)* ➤ Au-dessus de la gare, prendre la D 8 bis I pour Bruebach (belle montée) afin de rentrer à Mulhouse (D 21) ; par le zoo (voir le monument des Malgré-nous près de la tour panoramique, le vignoble du Rebberg ou le parc de l'Ermitage en passant devant)

km 65 Mulhouse-Gare

Le Sundgau oriental

Connu grâce aux trésors de Feldbach parfois signalés dans certains ouvrages, le Sundgau est riche en vieux villages colorés. Toujours vallonné, le « Midi de l'Alsace » réserve de belles surprises aux amateurs de patrimoine bâti et de paysages champêtres.

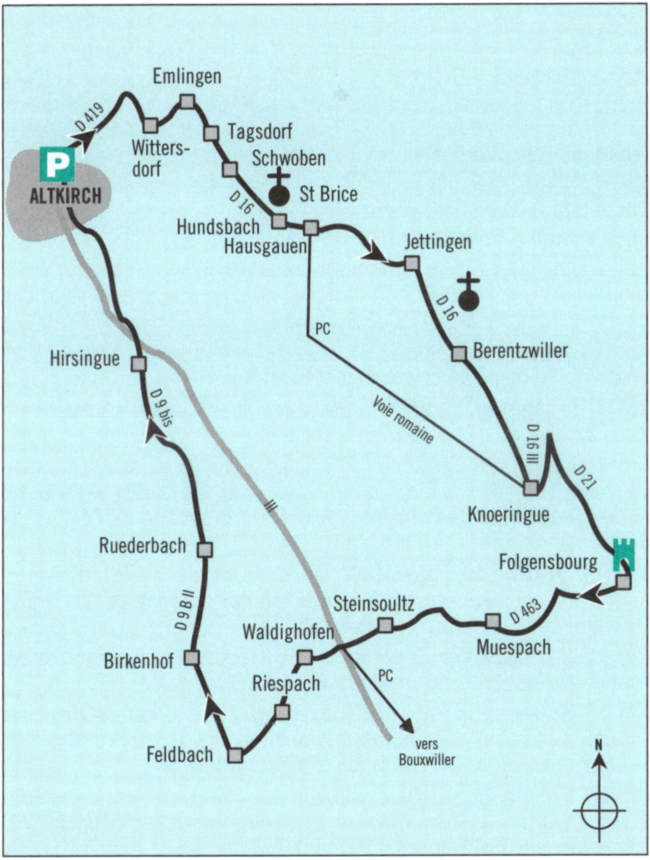

26 Le Sundgau oriental

Accès Altkirch est situé à 20 km de Mulhouse (D 432 ou piste cyclable)

Parking Gare SNCF d'Altkirch

Parcours 46 km, vallonné

A savoir Waldighoffen est relié par une piste cyclable à Bouxwiller

Informations Office de tourisme d'Altkirch, Tél. 03 89 40 02 90 ou 03 89 40 21 80

➤ **Altkirch** *Eglise (peintures), musée, centre d'Art contemporain, collection lapidaire St-Morand, remparts, maisons Renaissance, Petit musée de médecine, hôtel de ville par Kléber* ➤ Sortir d'Altkirch (D 419) après avoir emprunté le Pont sur l'Ill, la rue des Alliés et la rue Gilardoni. Place de la Réunion, tourner à gauche dans la rue du Troisième Zouave vers l'hôpital St-Morand et le village-rue de

km 3 Wittersdorf *Eglise néo-romane (XIXe s., peintures), vieilles maisons, moulin* ➤ Prendre à droite de l'église pour rejoindre

km 4 Emlingen *Eglise (XVIIIe s.), maisons anciennes, calvaire, vieux moulin* ➤ Prendre la D 6 bis à droite au bout du village pour rejoindre plus loin à gauche la D 419 qui mène à

km 5 Tagsdorf *Eglise de 1893, maisons paysannes, calvaire* ➤ Tout droit la D 16 mène à Schwoben (belles maisons à pans de bois) puis à

km 8 Hausgauen *Chapelle St-Brice (en forêt), calvaire, maisons à pans de bois* ➤ La D 16 arrive de suite à

km 9 Hundsbach *Eglise de 1777 (chaire, peintures de Feuerstein), vieille cure (XVIIe s.), fermes typiques, chapelle Widen* ➤ La D 16 coupe l'extrémité de Franken (statues sur la façade de l'église de 1698). Continuer la D 16 jusqu'à

km 11 Jettingen *Eglise (XIXe s., custode de 1478), maisons (XVIIIe/XIXe s.), chapelle du cimetière (chœur baroque de l'ancienne église)* ➤ La D 16 rejoint ensuite

km 13 Berentzwiller *Eglise de 1789, maisons typiques, ensemble fortifié Maginot (les trois maisons)* ➤ La D 16 conduit à

km 16 Knoeringue *Belle place, église de 1608 (chœur gothique et mobilier baroque), maisons remarquables, ouvrages Maginot* ➤ Suivre toujours la D 16 III et la D 21 pour arriver à

km 21 Folgensbourg *Bourg en échelle, belles maisons, église de 1775 (mobilier de St-Appolinaire), domaine historique St-Appolinaire, motte féodale (Zollbuechel)* ➤ Par la D 463 (terrain de foot), rejoindre

km 25 Muespach-le-Haut *Eglise St-Georges (1863), ligne Maginot et ancienne station radar, distillerie* ➤ Toute proche la D 463 rejoint

km 26 Muespach *Eglise de 1843, vieille poste au-dessus du village, belles maisons typiques* ➤ Toujours dans la vallée, la D 463 conduit à

km 27 Steinsoultz *Eglise de 1790, (orgues, vitraux et mobilier baroque), belles fermes à pans de bois* ➤ La D 463 mène maintenant à

km 29 Waldighofen *Ancienne église gothique (XVe s.) encastrée dans l'église actuelle (1905 ; autel baroque et peinture de 1746), statue de Jeanne d'Arc* ➤ La même route arrive à

km 32 Riespach *Eglise de 1785, fermes anciennes (cours ouvertes)* ➤ Continuer sur la D 463 pour arriver à

km 34 Feldbach *Eglise romane (XIe s., ancien prieuré clunisien), grange dîmière, maison des Prieurs (1542), belles fermes anciennes* ➤ En revenant vers Riespach, la première route à gauche conduit au hameau mennonite de Birkenhof (maison dîmière de 1780) (D 9 b II). Continuer pour rejoindre

km 38 Ruederbach *Eglise de 1845 (statues baroques et piéta), fermes anciennes* ➤ La même D 9 b II puis la D 9 b mène à gauche à

km 42 Hirsingue *Eglise de 1772 (par Ritter : autels baroques et reliquaire St-Fortune en cire), maisons remarquables (XVIIe-XIXe s.), chapelle, ossuaire gothique au cimetière* ➤ La première route à droite conduit par la forêt et la maison forestière de Buegerwald jusqu'à

km 46 Altkirch

Le pays des étangs I

Loin des haut lieux du tourisme, le Sundgau est resté un terroir original et dépaysant. Pays des carpes et des tanches, il offre un cadre agréable au cycliste amateur de nature ; les étapes y sont riches d'une flore aquatique exceptionnelle. Entre l'Ill et la Largue, cette balade mène par collines et par vaux à travers des jolis villages-rues dont les teintes vives et colorées forment de véritables kaléidoscopes.

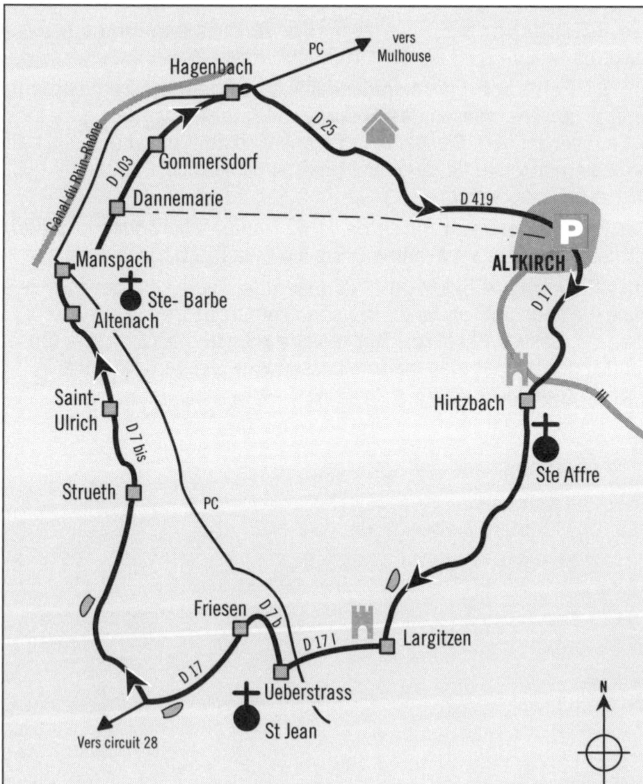

Accès A partir de Mulhouse par la D 432 (18 km) ou la piste cyclable par le canal Rhin-Rhône et Illfurth (D 18)

Parking Gare SNCF d'Altkirch

Parcours 38 km, vallonné

A savoir La vallée de la Largue possède une piste cyclable

Informations Office de tourisme d'Altkirch, Tél. 03 89 40 02 90

➤ **Altkirch** *Eglise (peintures), remparts et portes, hôtel de ville par Kléber, musée (costumes), musée de la Médecine, Collection lapidaire du cimetière St-Morand, centre régional d'Art contemporain (ancien lycée), maisons Renaissance* ➤ Depuis la gare d'Altkirch, emprunter le pont de l'Ill puis la rue des Alliés, la rue Gilardoni, la rue J.-J. Henner, la place des Trois Rois, la rue de Ferrette (gendarmerie) et la rue d'Hirtzbach (lycée). La D 17 propose une belle descente à 16 % avant de traverser la vallée de l'Ill et d'atteindre

km 4 Hirtzbach *« Petite Hollande » fleurie, parc paysager, chalets suisses, château (XVIIIe s.), chapelle St-Afre (1741) et église (1830)* ➤ Par la forêt, la D 17 rejoint

km 9 Largitzen *Ancien poste fortifié romain, étangs, église néoclassique, chapelle du cimetière* ➤ La seconde route à gauche (D 17 I), après l'église, conduit à

km 11 Ueberstrass *Chapelle St-Jean (XVe s.) près de l'église, étangs* ➤ A droite de l'église, la D 7 b (croix de chemin) conduit à

km 13 Friesen *(option circuit des Etangs II). Eglise (mobilier baroque) de 1771, étangs* ➤ Prendre la D 17 (première à droite en venant d'Ueberstrass) en direction de Lepuix-Neuf. Après 1,5 km au cœur de la forêt d'Oberwald, suivre à droite la petite route pour

km 18 Strueth *Village en triangle avec chapelle (XVe s., fresques)* ➤ Tout droit sur la D 7 b voici

km 19 Saint-Ulrich *Arbre de la liberté (1848), beau chœur gothique et sacristie de l'église (stèles à l'extérieur), ancien prieuré* ➤ Toujours sur la D 7 b voici

km 21 Altenach *Eglise de 1810, mairie (1728), chapelle Ste-Barbe et vieilles maisons* ➤ Continuer sur la D 7 b pour

km 23 Manspach *Eglise néoromane (1867), vieille motte castrale, maison (XVIIe/XIXe s.), chapelle Ritter* ➤ Prendre la D 103 à droite pour

27 Le pays des étangs I

km 25 Dannemarie *Viaducs (1858), clocher (1725), vieilles maisons* ➤ Depuis l'église, emprunter la D 103 qui conduit à

km 26 Gommersdorf *Eglise de 1770, maisons typiques* ➤ Toujours par la D 103, rejoindre

km 28 Hagenbach *Eglise (1789) près du canal* ➤ La D 25 (deuxième à droite après l'église) mène par la forêt du Forst à

km 38 Altkirch

Le pays des étangs II

Au cœur d'une multitude de bosquets et de plans d'eau, cette agréable balade mène par de vastes espaces calmes et préservés. Le cycliste découvre les étangs qui font la beauté de toute cette région. Et les amateurs d'histoire se réjouiront de cette incursion dans l'Alsace d'avant 1870.

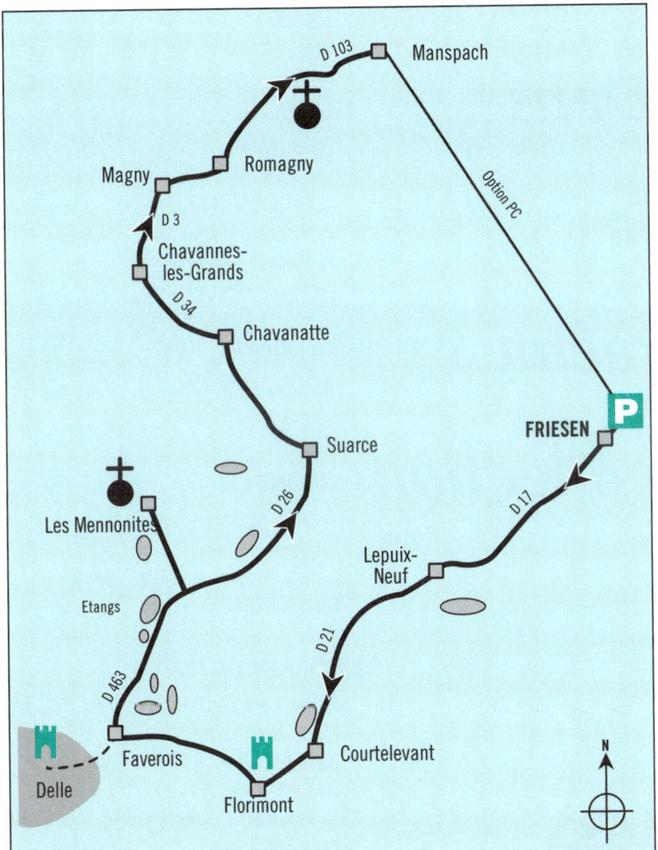

Guide-Poche

Dans la même collection

ALSACE

Fermes-auberges Alsace & Vosges
JOCELYNE FRITSCH
Balades à pied Alsace & Vosges
JEAN-LOUIS KELLER
Sentiers nature en Alsace
ARIENA
L'Alsace à vélo
ALAIN MORLEY

ALLEMAGNE

Forêt-Noire
Balades nature et fermes-auberges
OUVRAGE COLLECTIF
Fermes-auberges en Forêt-Noire et dans le Palatinat
OUVRAGE COLLECTIF

ARDENNES

Balades à pied dans les Ardennes
GUY PLEUTIN ET MICHEL DEGRÉ

LORRAINE

Fermes-auberges en Lorraine
FRANÇOIS MOULIN
Guide Art nouveau de Nancy
FABRICE BARBIAN

FRANCHE-COMTÉ

Fermes-auberges en Franche-Comté
FRANÇOIS CHAUVIN
Balades à pied en Franche-Comté
BERNARD LYONNET
La Franche-Comté à vélo
PIERRE DORNIER

DNA

28 Le pays des étangs II

Accès Depuis Friesen (voir circuit n° 27). Depuis Mulhouse par Altkirch et Dannemarie (piste cyclable) ; piste cyclable entre Friesen et Manspach. De même entre Altenach et Altkirch par Ballersdorf et Carspach

Parking Gare SNCF d'Altkirch

Parcours 42 km, facile (vallonné)

A savoir Le circuit 8 de l'Office de tourisme de Belfort passe par Manspach, le circuit 9 par Friesen (dépliants à disposition)

Informations Office de tourisme d'Altkirch, Tél. 03 89 40 02 90 ; Office de tourisme de Belfort, Tél. 03 84 55 90 00

➤ **Friesen** *Le village aux trente étangs* ➤ Prendre la D 17 vers le Territoire de Belfort et la D 21

km 5 Lepuix-Neuf *Eglise (XXe s.), étangs* ➤ Prendre la D 21 à droite de l'église pour

km 8 Courtelevant ➤ *Eglise (XVe/XIXe s., mobilier), moulin-musée, étangs* ➤ Toujours par la D 21 sur l'autre rive de la Coeuvatte, voici

km 9 Florimont *Vieilles maisons à pans de bois. Tour de l'ancienne église (cimetière), église (chaire XVIIIe s.), vestiges du château fort* ➤ Continuer par la D 21, puis la D 463 à droite pour rejoindre

km 12 Faverois *Maison seigneuriale, église (XVIIIe s.), croix de mission (XVIIIe s.).* Option à 3 km de Faverois (D 26) : *Delle (Quartiers anciens, maisons (XVIe s.), grange dîmière, anciens remparts, château Feltin (le cardinal), fontaines, église St-léger (XVIe-XIXe s.)* ➤ Par la D 26, 2 km plus loin, la seconde route à gauche permet de rejoindre Les Porchys (ferme) en passant par la ferme Debray et la chapelle Les mennonites (cimetière). Revenir sur la D 26 pour continuer à gauche vers

km 23 Suarce *Village fleuri, église circulaire (XXe s.), maisons à pans de bois* ➤ Traverser le village et prendre la deuxième rue à droite (D 34) jusqu'au petit village de Chavanatte. A la sortie, prendre à gauche (D 34) pour rejoindre

km 27 Chavanne-les-Grands *Eglise (XXe s.)* ➤ La seconde route à droite après l'église (D 3) puis la D 103 rejoignent Magny, puis

km 29 Romagny *Eglise jaune néo-classique (XIXe s.), maisons à pans de bois* ➤ Traverser le village pour continuer (*calvaire*) vers

km 32 Manspach où l'on rejoint le circuit des Etangs I

km 42 Friesen

Autour de Saint-Louis

A deux pas de Bâle, Saint-Louis est le point de départ de cette belle balade sans grande difficulté à travers le Ried sauvage et les collines du Sundgau. Les villages de cette contrée mal connue réservent parfois des découvertes étonnantes à l'œil attentif.

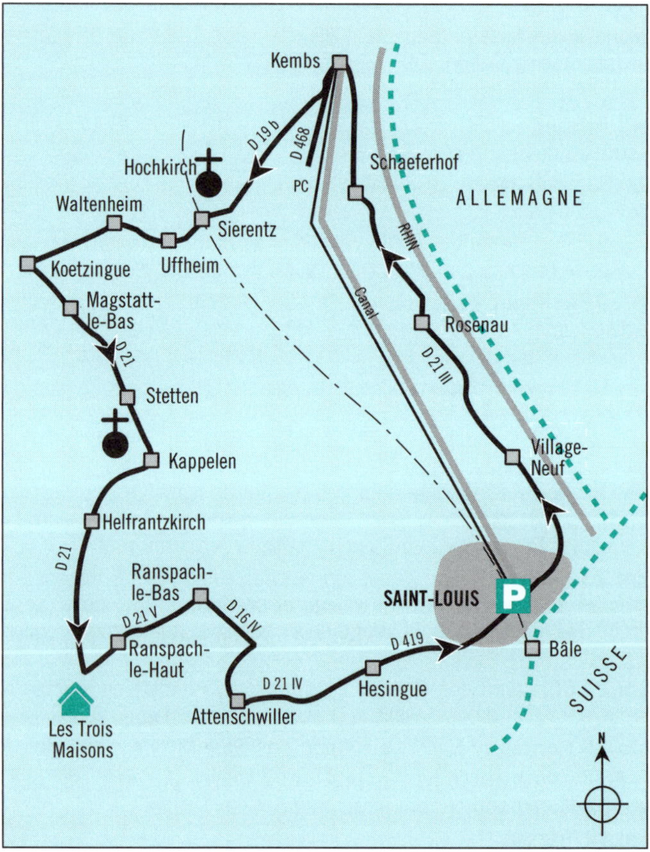

Accès Saint-Louis est situé à 32 km de Mulhouse et à 3 km du centre de Bâle

Parking Gare SNCF de Saint-Louis

Parcours 45 km, vallonné

A savoir Il existe un circuit de la Hochkirch (Sierentz, Uffheim, Waltenheim)

Informations Office de tourisme du pays de Sierentz, Tél. 03 89 68 28 58 ; Office de tourisme de Bâle, Tél. 00 49 61 26 15 050 ; Maison de Haute-Alsace, 03 89 80 04 49

➤ **Saint-Louis** *Eglise néo-classique (1842), poste (1892), maisons Art nouveau, parc Flaxhof, médiathèque* ➤ Rejoindre Village-Neuf (siège de la confrérie de l'asperge) par la RN 66 à gauche puis à Michelfelden à droite (D 21 III). Au canal, possibilité de prendre la piste cyclable qui emprunte à gauche « le chemin des planètes » didactique et balisé vers la « petite Camargue » (ou D 21 III) vers

km 6 Rosenau *Eglise néo-romane, vieux moulin à pans de bois, char de Loisy (1944-1945)* ➤ Prendre ici la route du Rhin (EDF) vers le barrage de Kembs (usine de 1932), continuer le long du Rhin pour rejoindre (D 21 III)

km 12 Kembs *Eglise (XIXe s.), panneau historique près de la mairie* ➤ Revenir vers Schaeferhof (D 468), après le cimetière prendre à gauche par la forêt la D 19 b vers

km 18 Sierentz *Eglise de 1836, mairie à balcon de 1864, tribunal de 1906* ➤ Traverser la commune pour continuer sur la D 19 b jusqu'à l'entrée de

km 20 Uffheim *Eglise de 1829 (clocher gothique, intérieur remarquable), calvaire (XVIIIe s.), vieux moulin, casemate-musée Maginot, maisons anciennes* ➤ La D 19 b continue vers

km 21 Waltenheim *Eglise (XIXe/XXe s.), demeures typiques, vieux moulin* ➤ A la sortie de ce village-rue, la D 19 b conduit à

km 23 Koetzingue *Village en carré, église néo-gothique, maisons Renaissance et à pans de bois* ➤ La première route à gauche (D 21) se dirige vers

km 25 Magstatt-le-Bas *Eglise de 1627 (chœur gothique, statuaire remarquable, sacristie de 1621), vieilles fermes (XVIIe s.)* ➤ La D 21 conduit maintenant à

km 27 **Stetten** *Eglise (XVIIIe s., avec clocher plus ancien, mobilier baroque), fermes à pans de bois* ➤ Continuer sur la D 21 pour

km 28 **Kappelen** *Village fleuri, monument aux morts original, cimetière (ancienne église du XVIIIe s.), fresques de la chapelle St-Wolfgang* ➤ La D 21 se dirige vers le village-rue de

km 30 **Helfrantzkirch** *Eglise de 1832 (custode gothique et tableaux), vieilles fermes, mairie-école originale, ligne Maginot des Trois-Maisons (ouvrages d'artillerie)* ➤ La D 21, puis à gauche la D 21 V, mènent à

km 34 **Ranspach-le-Haut** *Eglise de 1773 (beau mobilier baroque), vieilles fermes* ➤ Traverser le village pour rejoindre (D 21 V)

km 36 **Ranspach-le-Bas** *Eglise de 1866, mont des Oliviers dans une grotte artificielle (XIXe s.), vieilles maisons* ➤ Prendre la D 419 vers Hesingue ; à 2 km à droite, emprunter la D 16 IV pour rejoindre

km 39 **Attenschwiller** *Eglise néoromane (1878), maisons à pans de bois, arboretum* ➤ A l'église la D 21 IV se dirige à gauche vers Hesingue en rejoignant la D 473 puis la D 419

km 43 **Hesingue** *Eglise de 1773 (beau mobilier), moulin typique, fermes à colombage (XVIIe/XIXe s.), ligne Maginot* ➤ Rejoindre Saint-Louis par Bourgfelden, traverser la voie ferrée et tourner à gauche vers la gare

km 45 **Saint-Louis**

Le Jura alsacien

Ce circuit offre sans conteste des paysages en tous points splendides. La forêt sauvage de Wolschwiller ou l'harmonieux vallon de Lucelle sont les étapes mémorables de cet itinéraire sportif à travers ce pays de légendes qu'est le Jura alsacien. Il est recommandé de se munir de son passeport ou de sa carte d'identité.

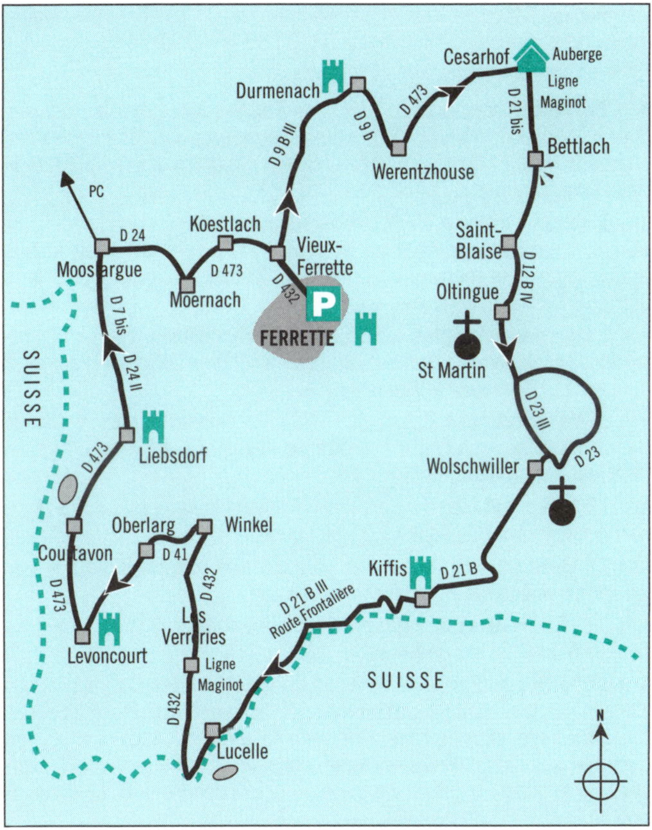

30 Le Jura alsacien

Accès Ferrette est situé à 40 km de Mulhouse, à 75 km de Colmar et à 130 km de Strasbourg

Parking Devant l'école et l'ancien tribunal

Parcours 62 km, montagneux

A savoir Il existe une piste cyclable dans la vallée de la Largue et dans la vallée de l'Ill. Moulin-auberge Les Trois Lys, 97 rue du Moulin, Courtavon, Tél. 03 89 08 10 33

Informations Office de tourisme d'Altkirch, Tél. 03 89 40 02 90 ; Mairie de Ferrette (Syndicat d'initiative), Tél. 03 89 40 40 01

➤ **Ferrette** *Cité perchée, maisons Renaissance, église prieurale (XIIIe s.), hôtel de ville (1752), anciens remparts, jardins suspendus, châteaux forts et Grotte des nains. Beaux panoramas* ➤ Au pied de la vieille-ville, prendre la D 432 pour

km 1 Vieux-Ferrette *Vieilles maisons, cours d'eau dans la rue principale, tour panoramique du Rossberg, chapelle de 1686 (style gothique tardif et mobilier baroque)* ➤ A l'entrée, la deuxième route à droite (D 9 B III) conduit à

km 6 Durmenach *Eglise (1835), maisons anciennes, manoir Flachslanden (1694), vieux cimetière juif, belle forêt de mélèzes* ➤ Tourner à gauche à l'église par (D 9 b)

km 8 Werentzhouse *Eglise de 1863 (néoromane) et musée insolite des Amoureux* ➤ La route à droite de l'église (D 473) se dirige en forêt par le hameau de Willerhof à

km 13 Cesarhof (lieu-dit) *Forêt de l'Eichwald et ligne Maginot* ➤ A ce carrefour, tourner à droite (D 21 bis) pour

km 15 Bettlach *Vieilles fermes, voie romaine et belle hêtraie* ➤ Traverser ce village-rue pour rejoindre celui de

km 17 Saint-Blaise *Eglise-des-Trois-Villages (XVIIIe s.)* ➤ Les D 12 b IV et D 21 b conduisent à

km 18 Oltingue *Eglise néo-classique (1830, orgues Callinet, Vierge XVe s.), maisons typiques (dont musée), ancienne église Mère-St-Martin, cimetière, musée funéraire, musée d'Arts populaires, ancien vignoble méridional (Berg), minigolf, chapelle St-Brice (autel)* ➤ Traverser tout le village (première à gauche) pour prendre la D 23 III (ou la boucle D 23)

km 22 Wolschwiller *Eglise de 1782 (clocher en partie roman), chemin de croix et chapelle St-Jean-Népomucène (XVIIe/XIXe s.), maisons remarquables dont la ferme Rittimat (1752), forêt sauvage avec rochers apparents* ➤ La première route à droite (D 23) qui traverse le village monte vers

km 28 Kiffis *Beau site, église (XVIIIe s.), chapelle et ferme Kloesterli, château fort du Bochmont (XIIIe/XVe s.)* ➤ Longer la frontière (D 21 b puis D 21 b III) pour se rendre à

km 36 Lucelle *Village le plus élevé du Sundgau (700 m), exposition de l'ancien couvent, église (XXe s.), petit lac, église protestante* ➤ Après la chapelle, la D 432 (première à droite) conduit au lieu-dit

km 38 Les Verreries *Zone de ski de fond et dernier ouvrage Maginot d'Alsace (sud)* ➤ La D 432 descend vers

km 40 Winkel *Source de l'Ill, église (1783), chœur de la chapelle Warth* ➤ La première à gauche (D 41) descend pour rejoindre

km 42 Oberlarg *Source de la Largue, église (XVIIIe s.), moulin (1787), grotte-musée (préhistoire), château Morimont (XIIIe s.), château Vignancourt* ➤ Traverser le village pour rejoindre (D 41)

km 44 Levoncourt *Village frontalier, église gothique tardif* ➤ Continuer sur la D 41 afin de se rendre à

km 48 Courtavon *Maisons Renaissance, église de 1865, pierres funéraires (Vignancourt), chœur de l'ancienne église (chapelle du cimetière)* ➤ Le plan d'eau est visible à gauche de la D 473 qui rejoint

km 49 Liebsdorf *Eglise (XIXe s.), château fort ruiné par le tremblement de terre de 1356, ferme et cimetière mennonites* ➤ Par la première à gauche (D 24 II), puis la D 7 b, prendre jusqu'à

km 53 Mooslargue *Eglise de 1848 (statues du XVe s.), ancien moulin, ancien cimetière militaire, maisons typiques, étang de Lucelle* ➤ La première à droite (par l'église) mène à

km 56 Moernach *Eglise néo-classique (1804)* ➤ La deuxième route à gauche après cette église (D 473) rejoint

km 57 Koestlach *Eglise (1748, clocher roman et bel intérieur), vieilles maisons* ➤ Par la D 473 et la D 432 on retrouve

km 62 Ferrette

TABLE

Dépôt initial : juin 1999 - Dépôt légal : juillet 2007 - N° 06-2241